L. 502
5. A.

4º L 25
 13
 A

L'INDICATEUR FIDÈLE
ou Guide des Voyageurs,

QUI ENSEIGNE

Toutes les Routes Royales et Particulières de la France, Routes levées Topographiquem.^t dès le Commencement de ce Siècle, et Assujetties à une Graduation Géométrique,

CONTENANT

Toutes les Villes, tous les Bourgs, Villages, Hameaux, Fermes, Châteaux, Abbayes, Communautés, Eglises, Chapelles, et autres Maisons Religieuses ; les Moulins, les Hotelleries, les Justices, et les Limites des Provinces ; les Fleuves, les Rivières, les Ruisseaux, les Etangs, les Marais, les Ponts, les Gués, les Montagnes, les Bois, les Jardins, les Parcs, les Avenües, et les Prairies traversés par les Grandes Routes &c.

ACCOMPAGNÉ

D'Un Itinéraire Instructif et raisonné sur chaque Route, qui donne le Jour et l'heure du Départ, de la Dinée et de la Couchée tant des COCHES par Eau, que des CAROSSES, DILIGENCES et MESSAGERIES du Royaume, avec le Nombre des Lieues que ces différentes Voitures font chaque jour.

DRESSÉ PAR LE SIEUR MICHEL,
Ingénieur Géographe du Roy à l'Observatoire.

Mis au Jour et Dirigé Par Le Sr DESNOS Ingénieur Géographe pour les Globes Sphères et Instrumens de Mathematiques

A PARIS.
Rue St Jacques à l'Enseigne du Globe.
Avec Privilége du Roy.

M. DCC. LXV.

N.B. Personne ne doit ignorer Combien cet Ouvrage a couté de Peines et de Soins pendant plusieurs Années pour le rendre tel qu'il est Publié le Sr Michel persuadé de l'Avantage que l'Indicateur Fidèl ou Guide des Voyageurs peut procurer aux Commerçans Navigateurs, Voyageurs et a tous ceux qui seront Curieux de s'Instruire de la Distance d'un lieu à un autre, Se Flatte de l'avoir rendu si Complet que les Amateurs y trouveront tout ce qu'on peut desirer dans un Ouvrage où l'on n'a rien Epargné pour le porter à la Perfection dont il Etoit Susceptible.

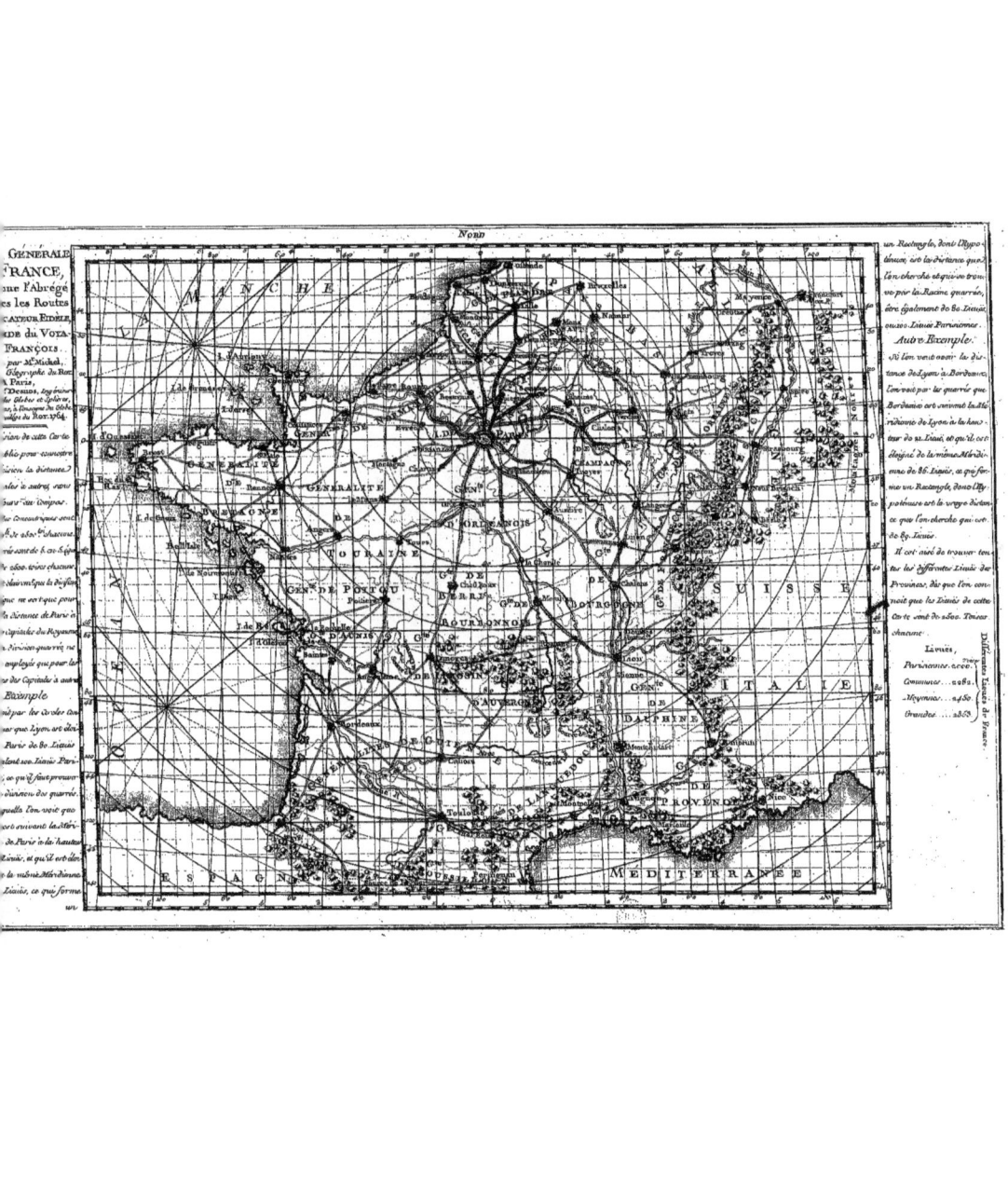

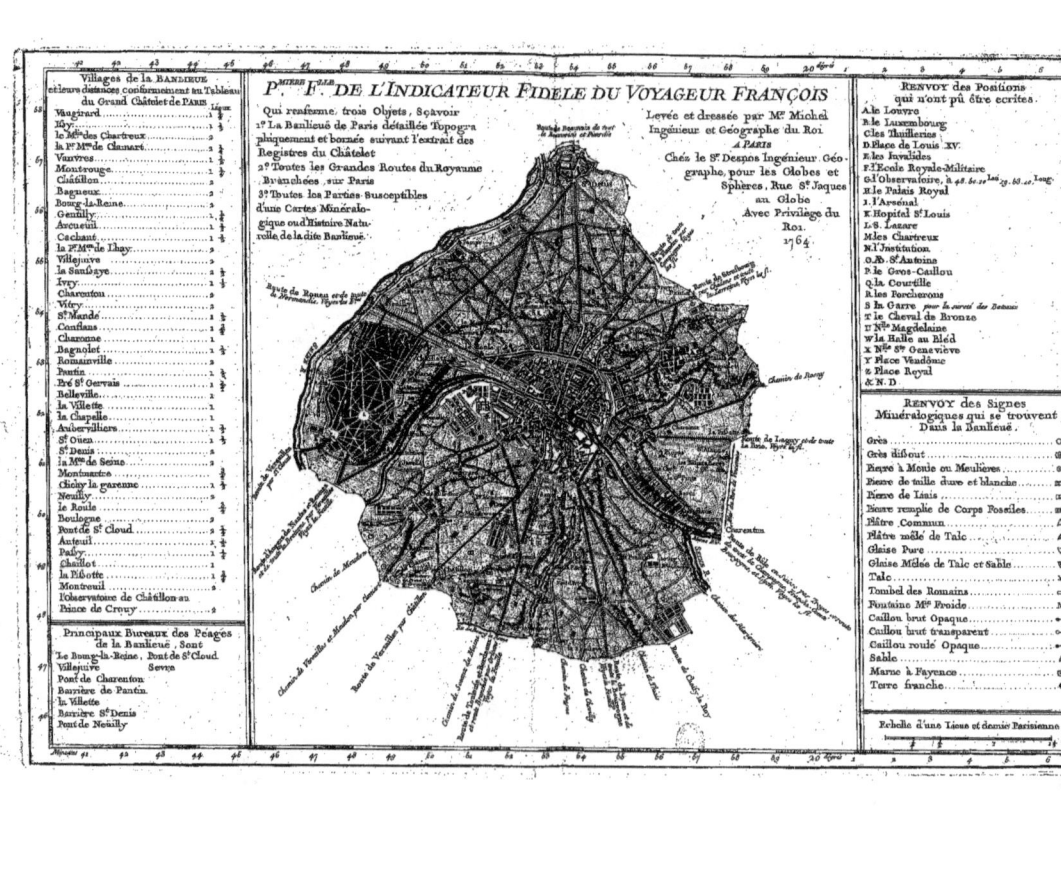

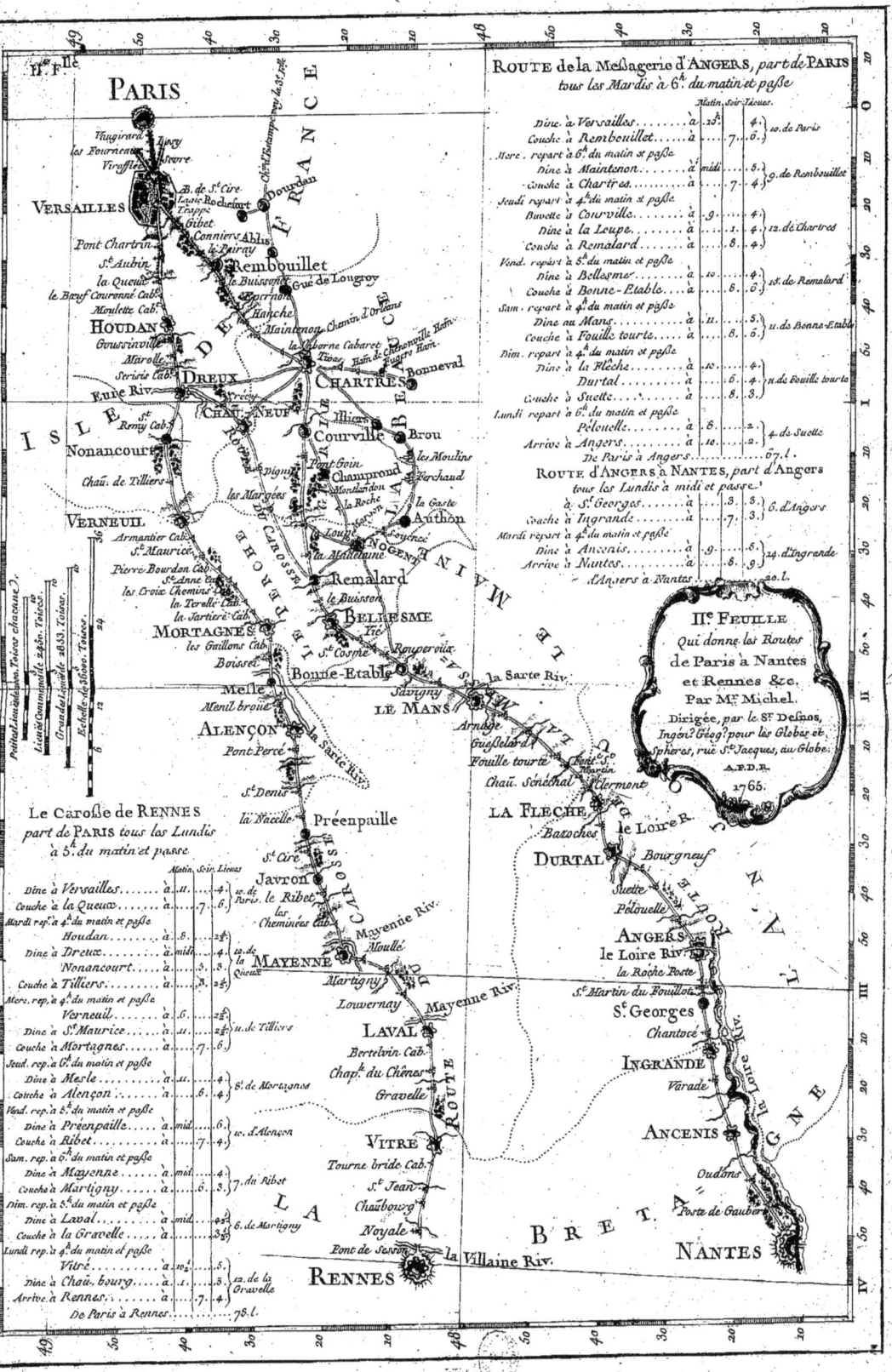

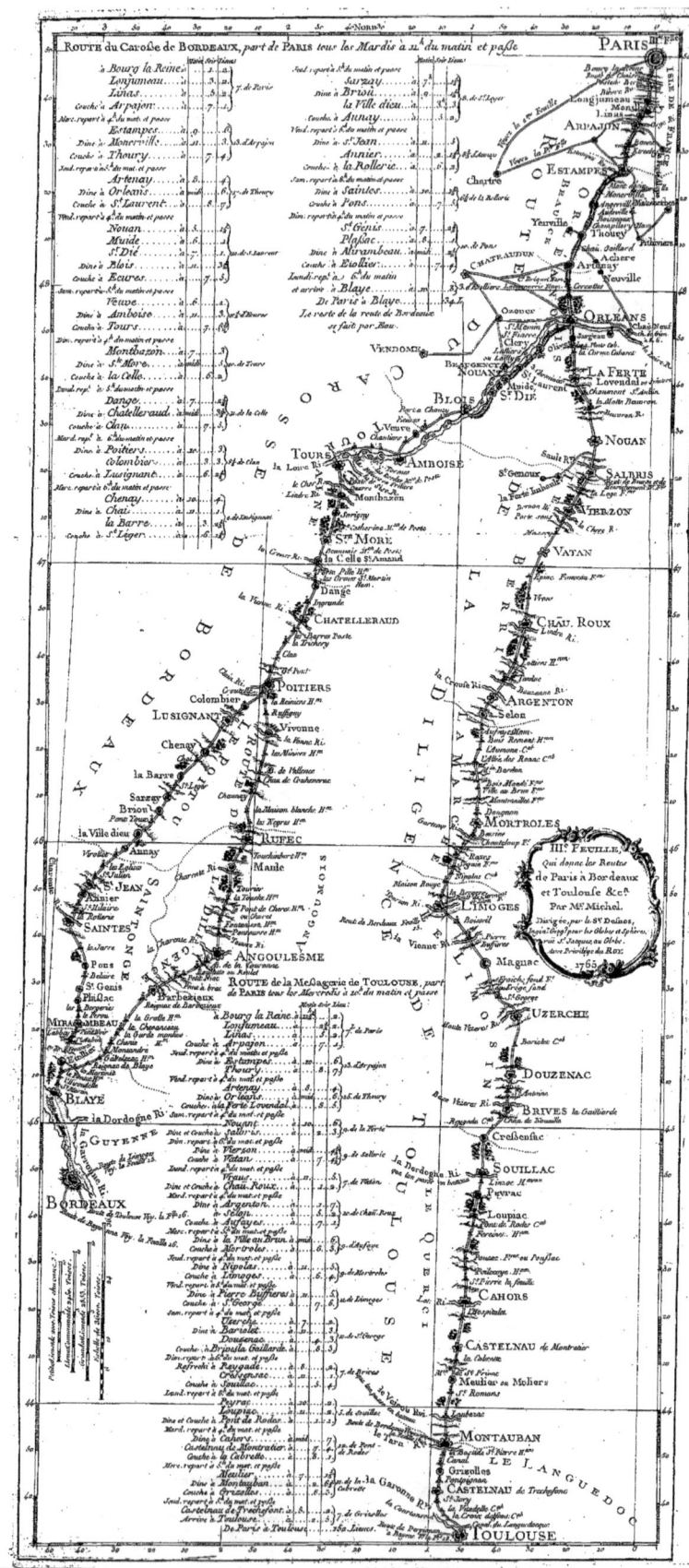

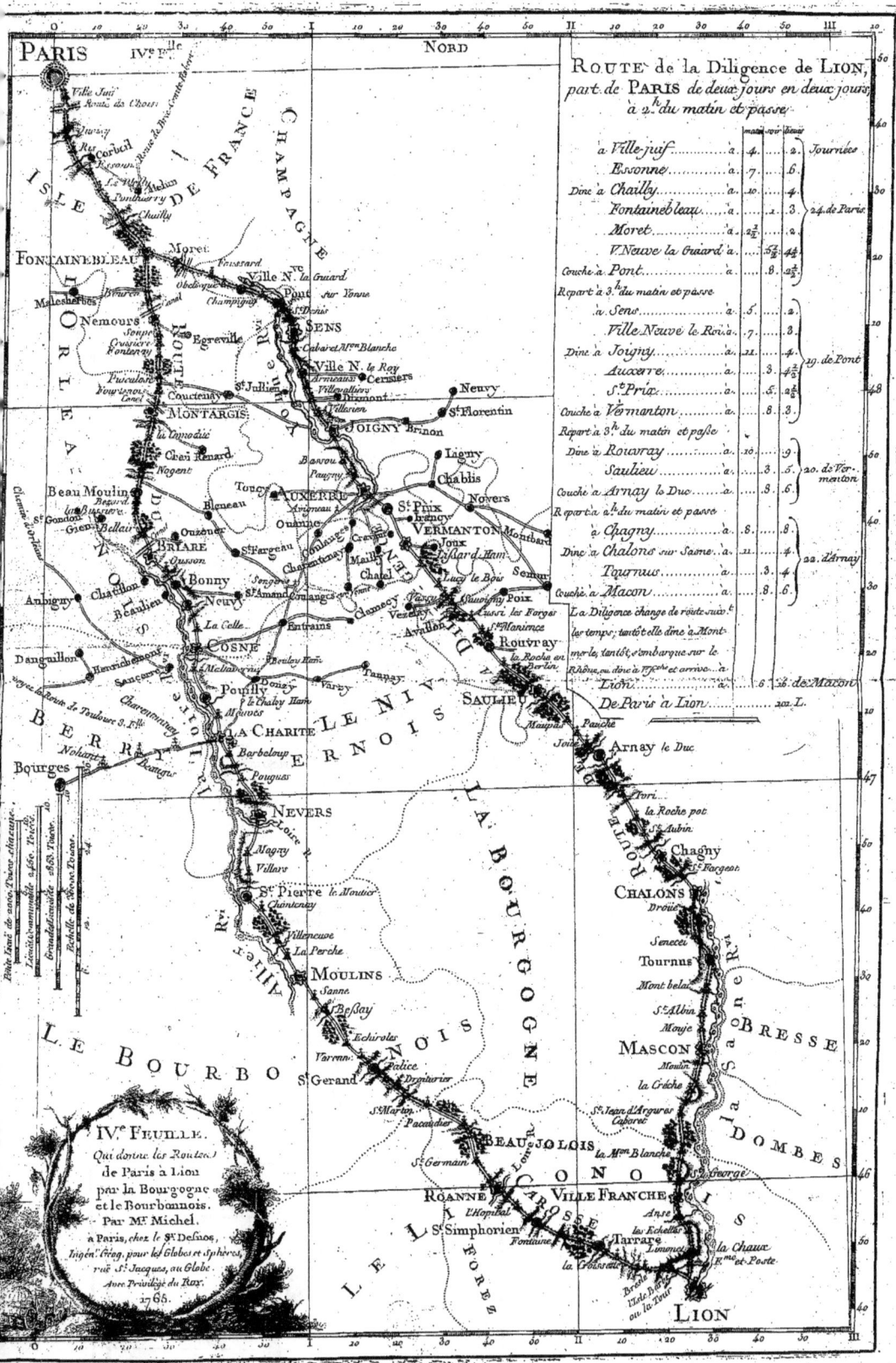

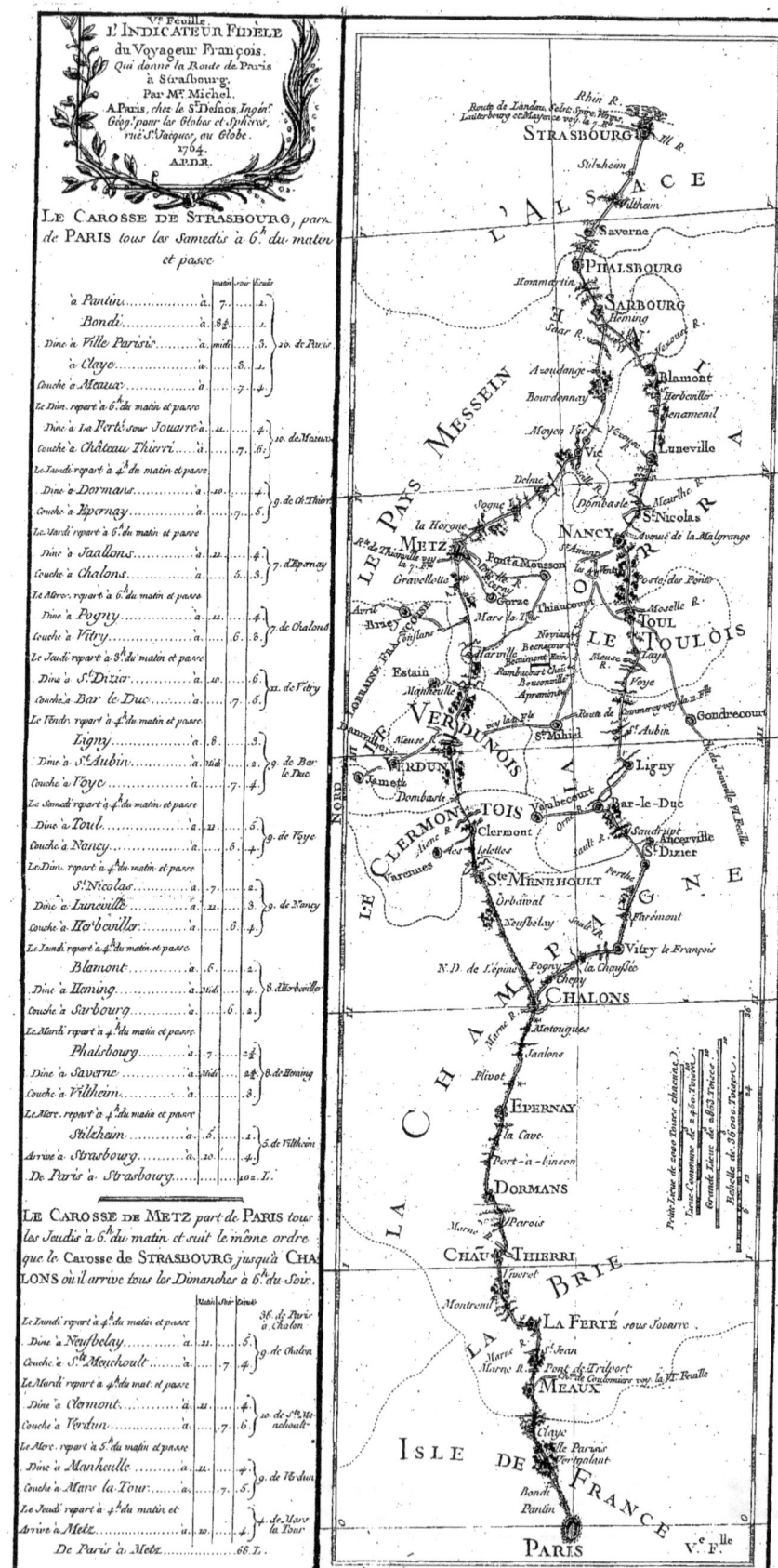

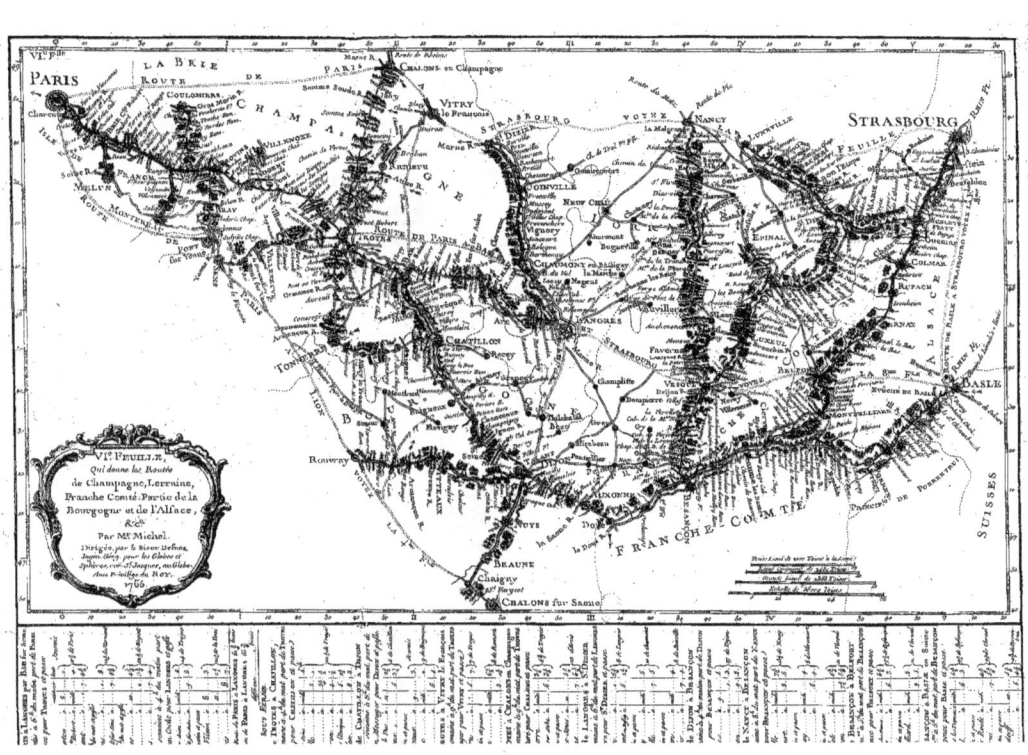

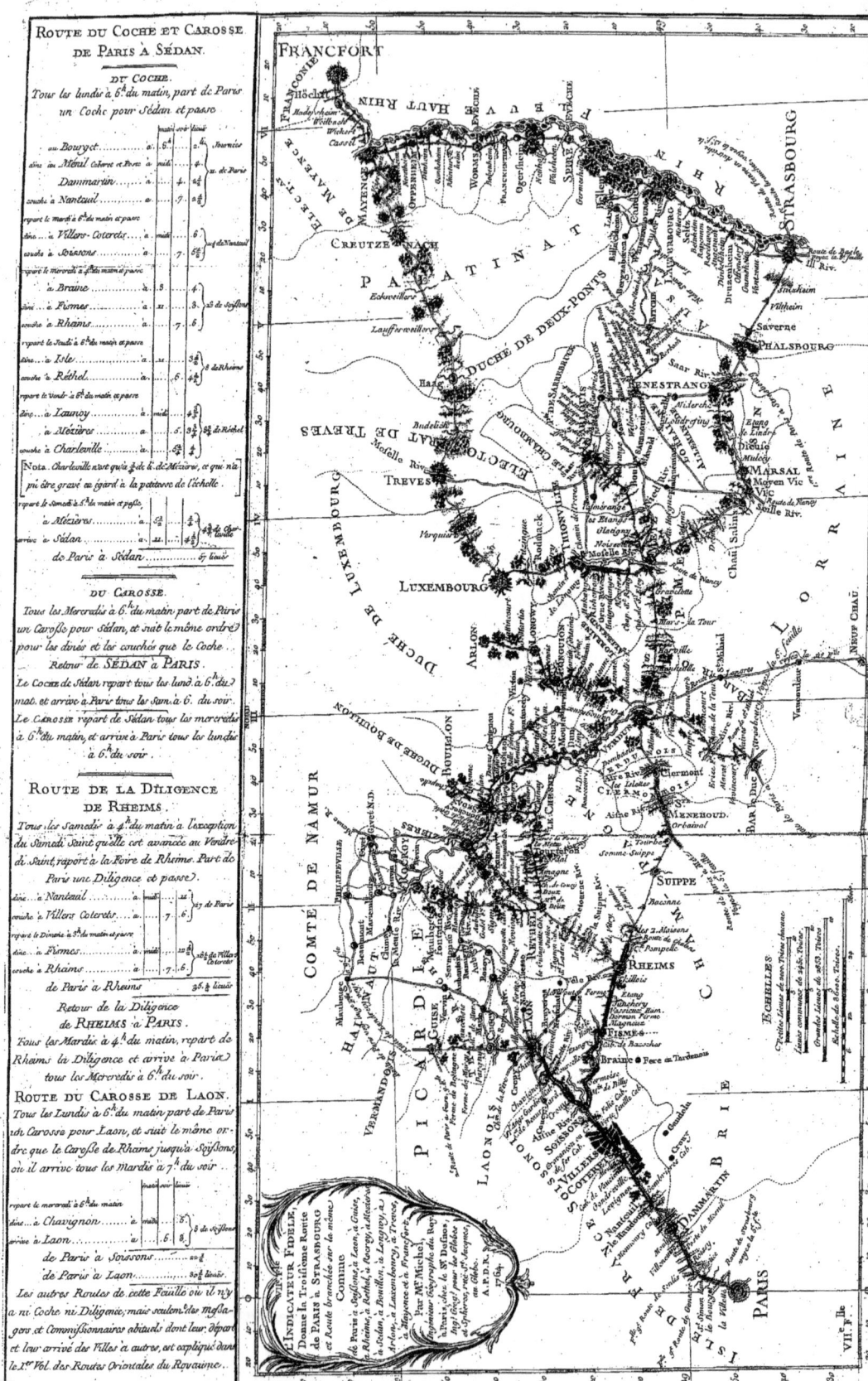

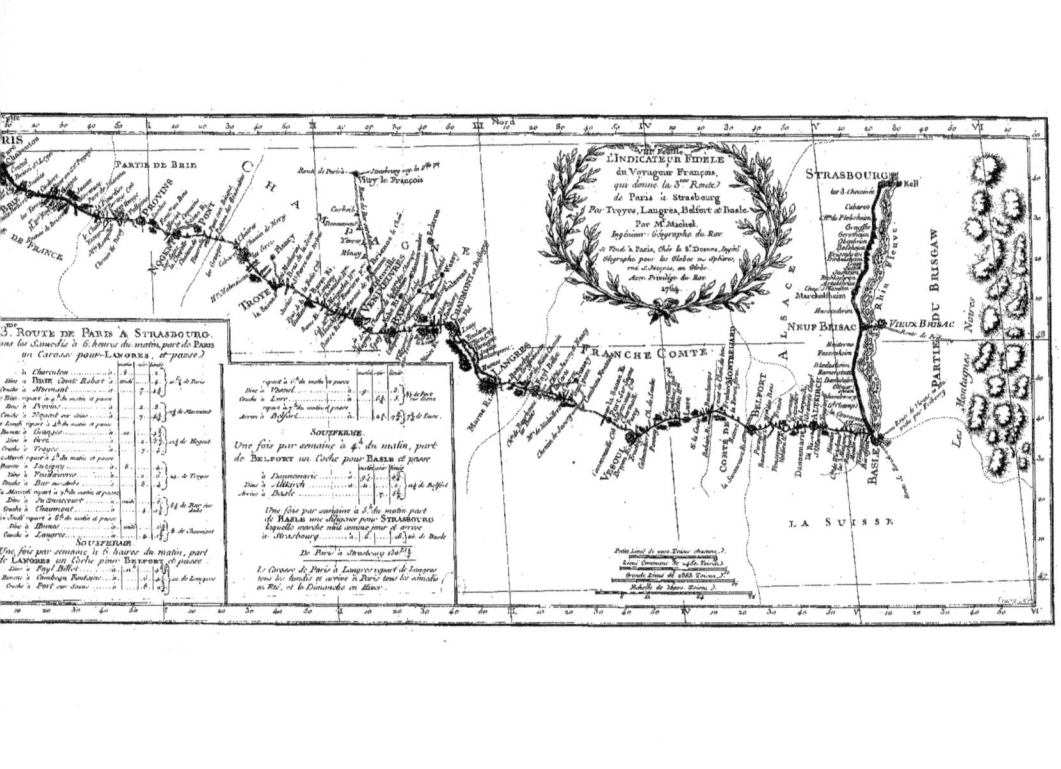

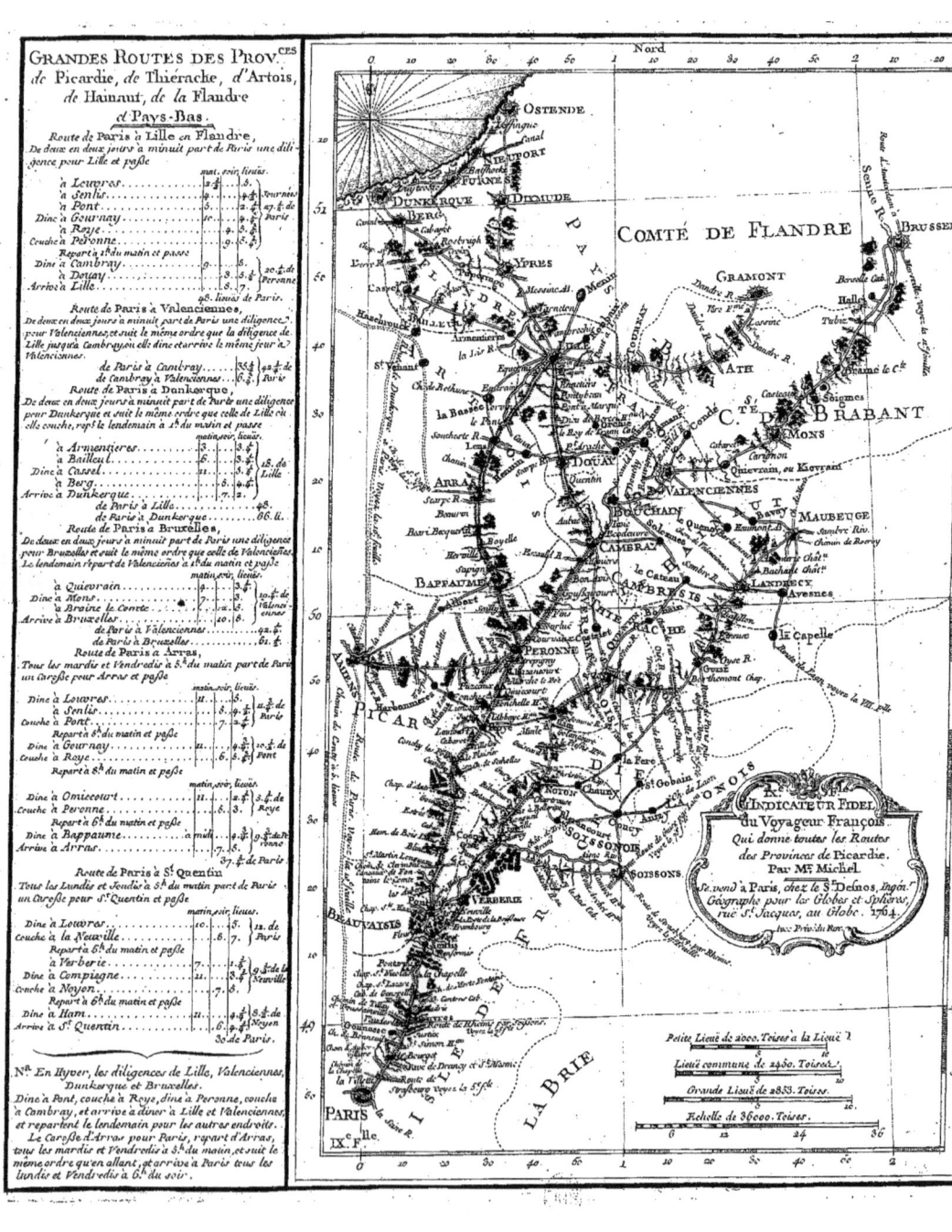

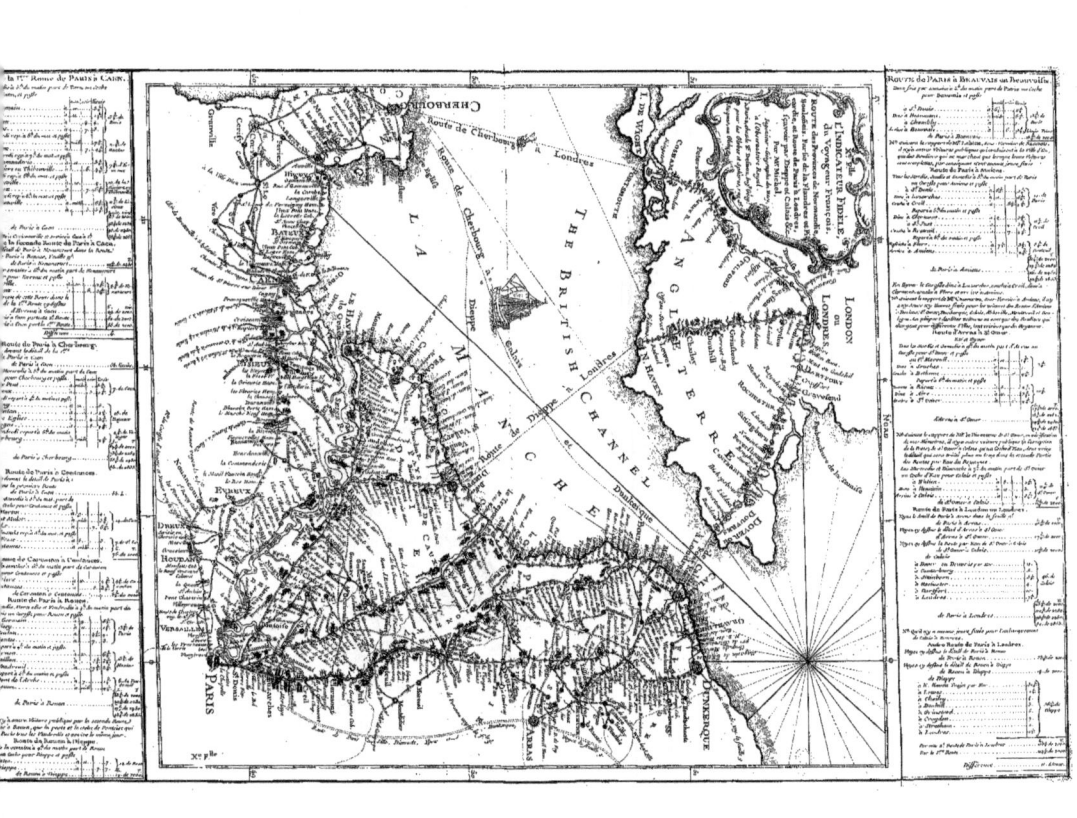

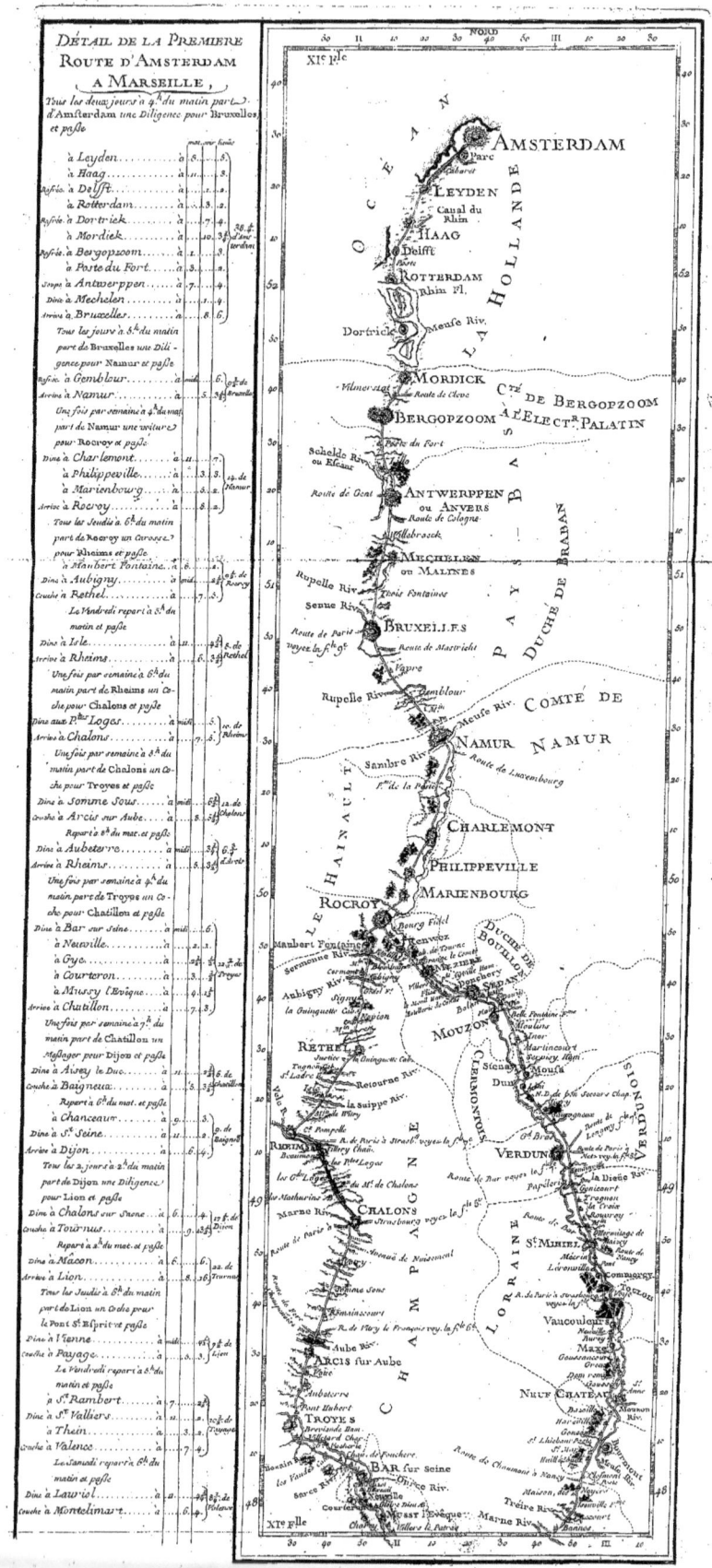

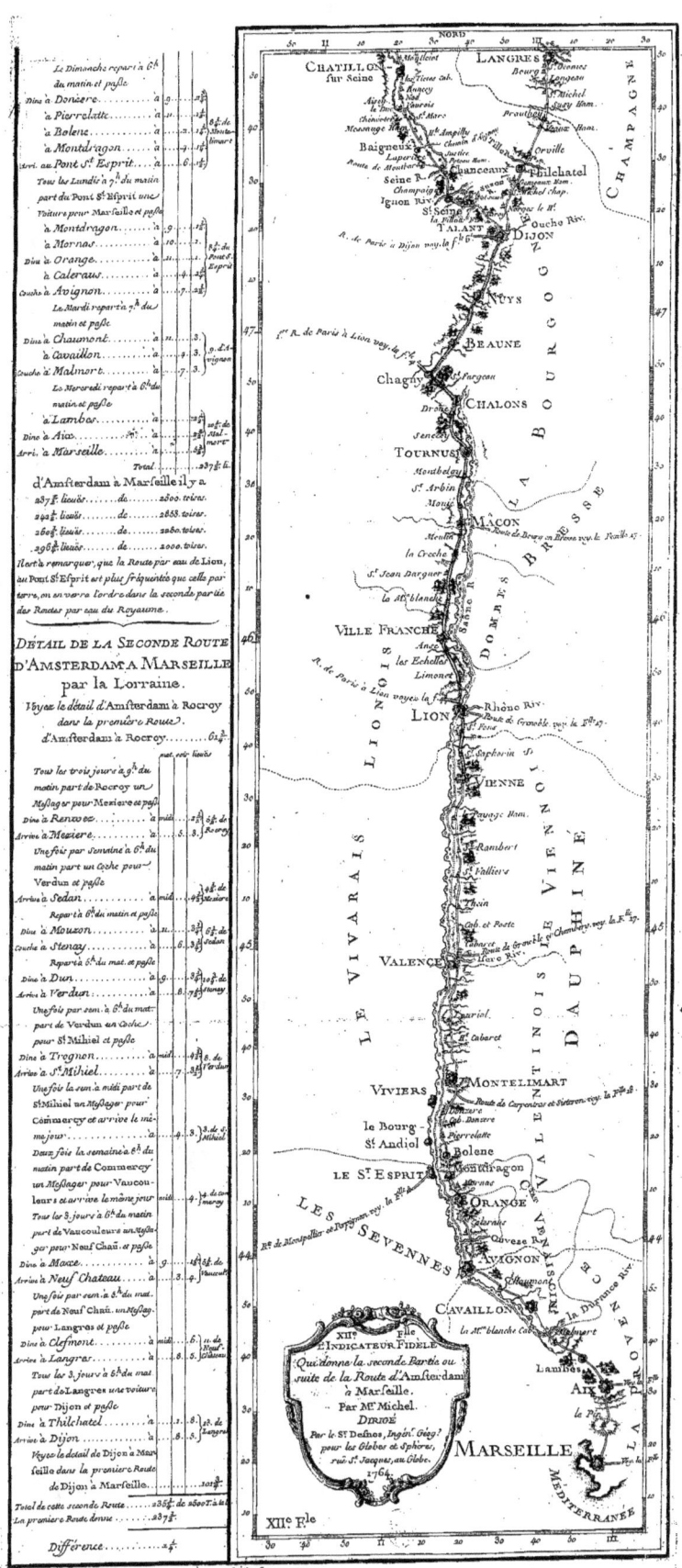

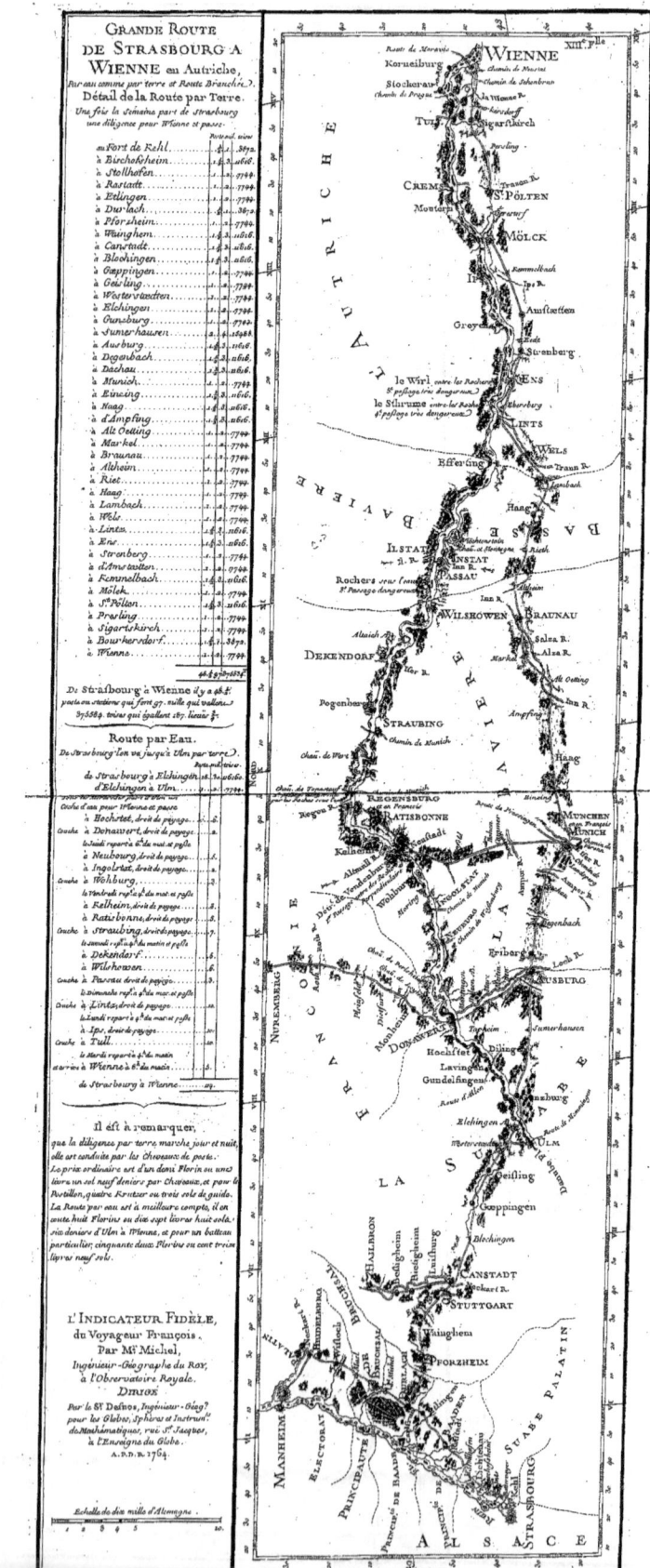

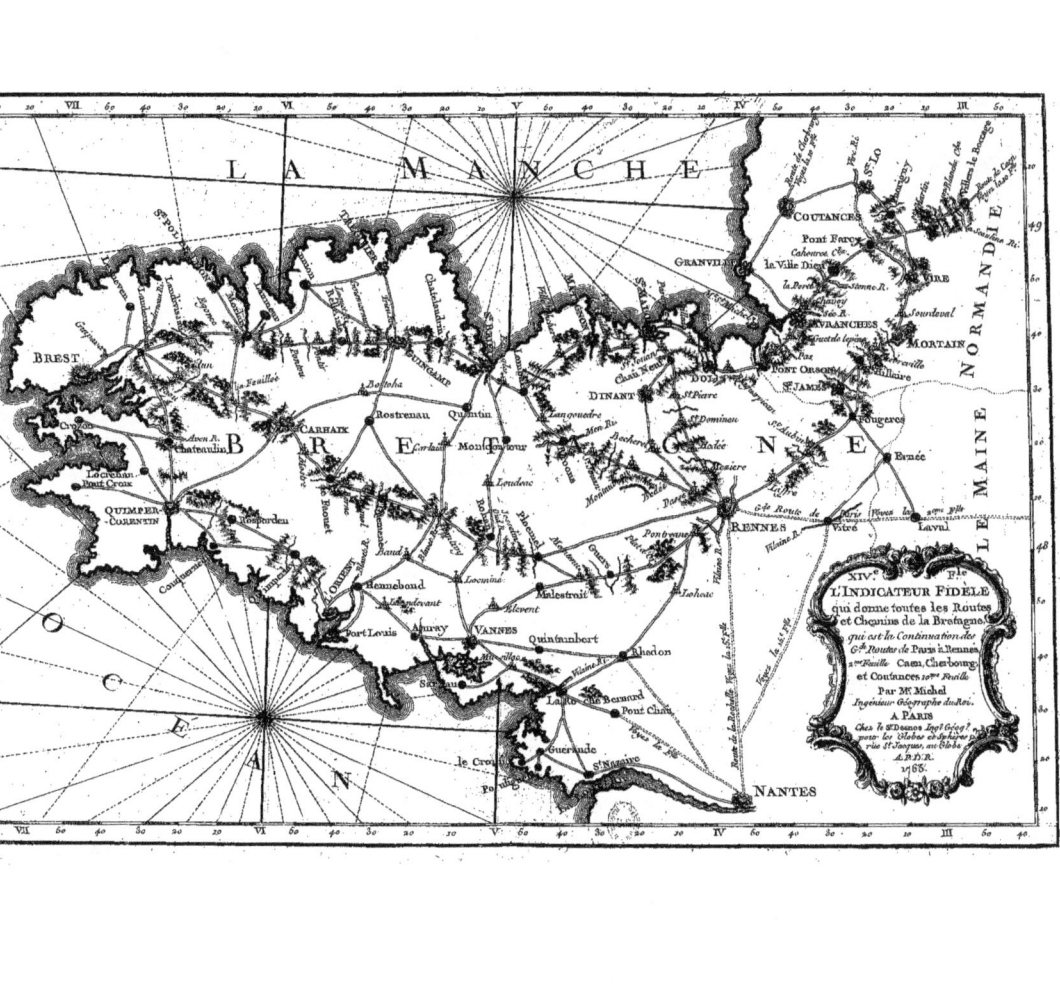

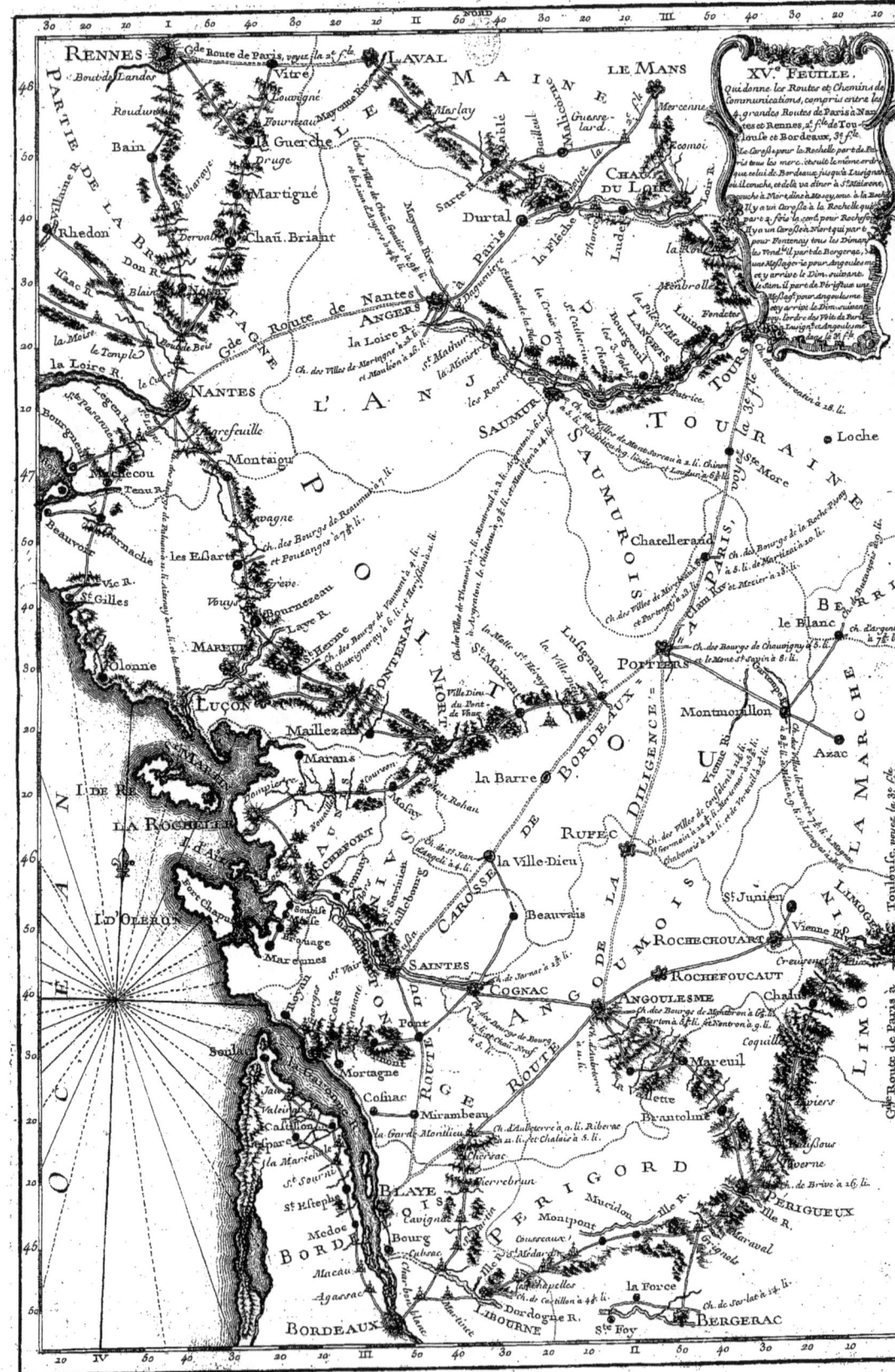

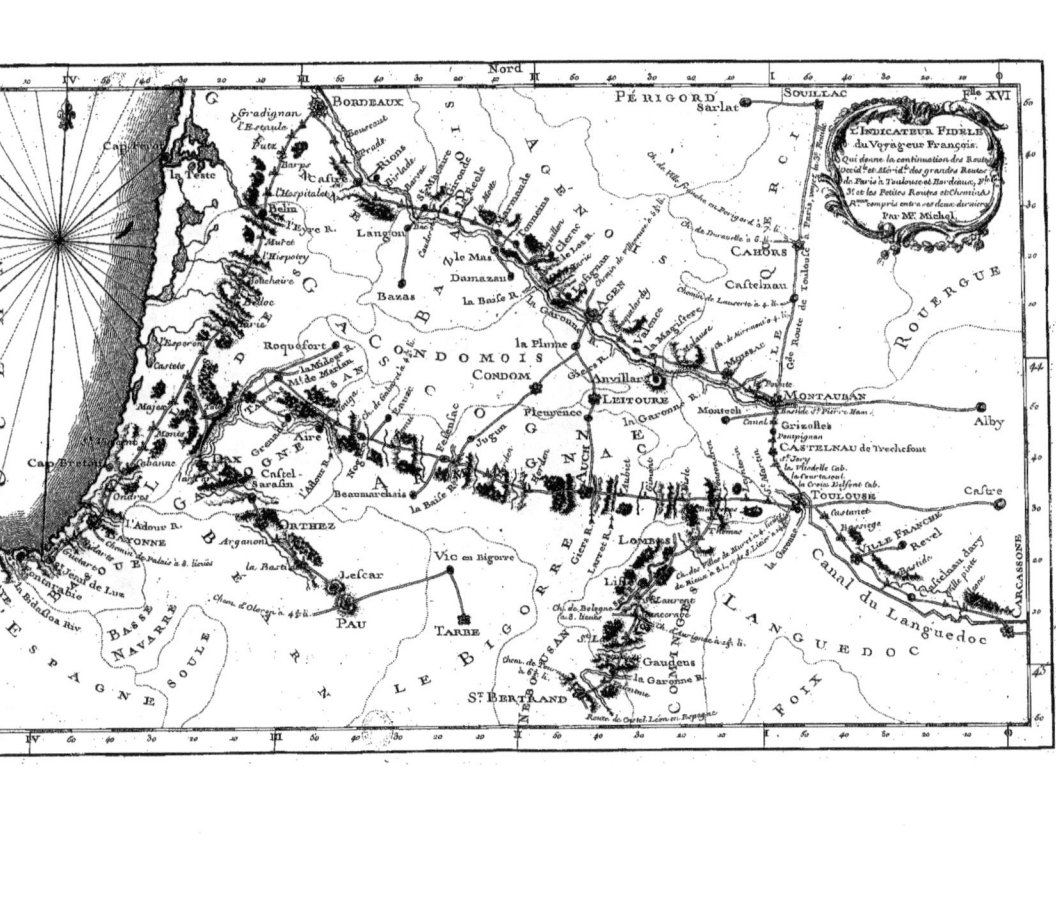

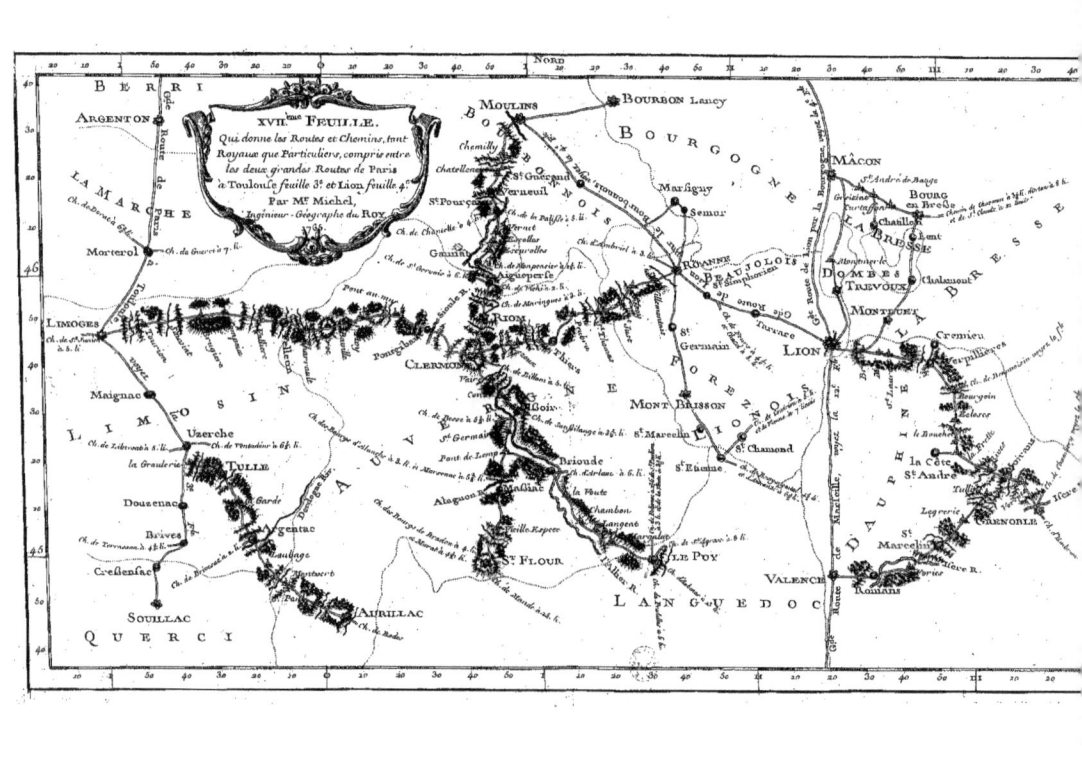

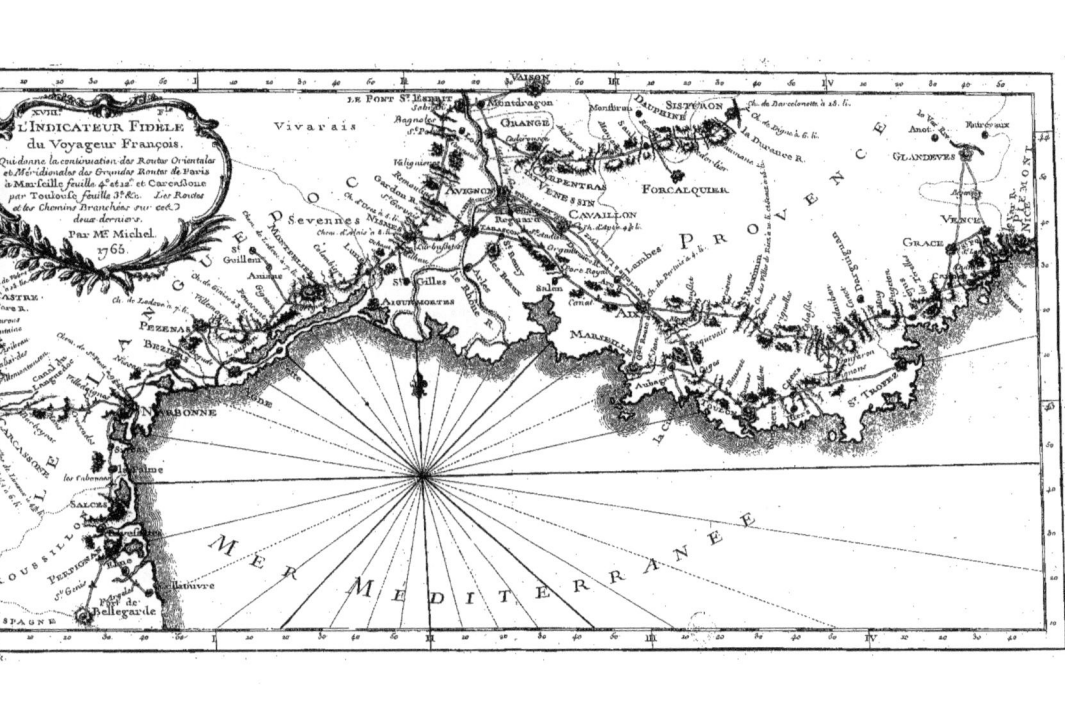

PROSPECTUS
DU GUIDE DES VOYAGEURS,
Pour les Routes Royales & Particulieres de la France & autres.

Il y a long-tems que l'on se plaint de ne pas avoir assez de secours pour faciliter le commerce & les voyages. Des gens instruits, ont senti cet inconvénient, & comme c'est aux Sciences à fournir aux besoins de la Société, ils ont imaginé de réunir la Géographie & le compas Géométrique, pour donner aux Commerçans & aux Voyageurs, les lumieres qui leur ont manqué jusqu'ici. On présente donc au Public *un Guide des Voyageurs ou Indicateur Fidèle*, qui met sous les yeux les routes qu'il faut tenir pour aller d'une Ville à une autre, & les distances qui se trouvent entre chacune de ces Villes.

Afin de pouvoir partir d'un point fixe, on a choisi Paris pour centre; c'est-à-dire, que l'on suppose un Voyageur qui veut se transporter de Paris dans les différentes Villes du Royaume, & de ces Villes à Paris; on lui a tracé avec exactitude tous les lieux qui se trouvent sur son passage, &, s'il faut le dire, on a compté tous ses pas.

Chacune des Routes est sur une Carte séparée, dont le prix est fort modique, & chaque Carte, est enluminée de maniere que l'on y connoît les limites des Provinces, les Villes, les Bourgs, les Villages, les Montagnes, les Prés, les Bois. On a même porté l'exactitude jusqu'à faire distinguer à l'œil les chemins, plantés d'Arbres sous lesquels on peut marcher à couvert. Communément celui qui entreprend une route, consulte ceux qui l'ont faite avant lui: s'il est en chemin, il s'informe, à mesure qu'il avance, du nombre des lieues qui lui restent à faire, des endroits où il peut prendre ses repas, ou passer le tems de la nuit, & rarement on lui donne là-dessus des réponses précises. Avec une de nos Cartes, le Voyageur n'a aucun besoin de toutes ces demandes; il voit tous les endroits par lesquels il doit passer, & une juste mesure de leur éloignement respectif; il connoît en même-tems les Bourgs, les Villages, les Hameaux, les Fermes, les Maisons Religieuses, les Bois, les Prés, les Avenues, les Rivieres, les Ponts, les Gués, les Ruisseaux, les Étangs, & les Marais; enfin, jusqu'aux Montagnes & aux Plaines qu'il a à traverser.

Veut-il se servir des Voitures établies pour le Public, comme Diligences, Coches, Carosses, Messageries; il voit à côté de la Carte un Itinéraire instructif & raisonné qui indique le jour, l'heure du départ, la dînée, la couchée de ces voitures & le nombre des lieues qu'elles font par jour; souvent plusieurs Routes mènent à un même endroit, on les a mises à côté l'une de l'autre, & le Voyageur trouvera dans toutes une exactitude égale.

Les Cartes de ces Routes se vendent ensemble ou séparément par feuilles détachées, & leur forme est portative. Le Voyageur peut aisément en enfermer une dans un Porte-feuille, & la consulter au besoin. Elles éclairent, elles dirigent, & elles mettent celui qui en est possesseur, dans le cas de se passer de tous les renseignemens que l'on recherche dans les voyages; enfin, elles sont entierement consacrées à l'utilité Publique, & au besoin de tous ceux qui voyagent. C'est le seul but que l'on s'est proposé en les mettant au jour. Pour nous conformer au goût de tous les Particuliers, qui voudront faire l'acquisition de cet Ouvrage, comme Voyageurs, ou simplement comme Amateurs, nous l'avons mis sous plusieurs formes différentes, dont voici les prix.

Grand *in-*4°, relié en veau, ... 15 livres.
Relié en carton .... 14 liv.
Broché d'une maniere commode & portative, pour être mis dans la poche ..... 12 liv.
En feuilles .... 11 liv. 8 f.
& chaque Route détachée sur une feuille particuliere .... 15 f.

On en trouvera de même de colées fur toile, ou taffetas; d'imprimées fur peau ou fatin, que l'on vendra féparément dans leurs étuis; enfin on en formera un Volume *in-8°.* ou même *in-12.* & de telle forme que chacun pourra le défirer.

Ces Cartes fon dédiées à M. Caffini de Thury, Seigneur de Villetaneufe, Directeur de l'Obfervatoire Royal, Maîtres des Comptes, Affocié des Académies des Sciences de Paris, Londres, Berlin, Munick, &c &c.

Dreffées par M. MICHEL, Ingénieur-Géographe du Roi à l'obfervatoire & dirigées par le Sieur DESNOS, Ingénieur-Géographe pour les Globes & Sphères, rue Saint-Jacques, à l'Enfeigne du Globe où elles fe vendent, & à l'Obfervatoire.

A PARIS.

AVEC APPROBATION ET PRIVILEGE DU ROI.

AVIS.

ON trouve chez le Sieur DESNOS, toutes fortes de Cartes de Géographie, tant générales que Particulieres; Atlas Modernes de Géographie & d'Hiftoire pour l'intelligence des quatre Principaux Hiftoriens, le Tableau Analytique de la France, depuis l'établiffement de la Monarchie jufqu'à Louis XV. Recueils complets des Cartes de tous les Auteurs; Plans de Paris, collés fur toile, montés fur gorge de toutes grandeurs, Banlieue & environs de la Capitale; Généralité de Paris; Cartes Particulieres des Elections du Royaume; Guide des Voyageurs, Routes Royales & Particulieres de la France; Globes & Sphères pour les Cabinets & Bibliothèques; Inftrumens de Mathématiques, & généralement tout ce qui concerne les Sciences.

CATALOGUE ALPHABETIQUE
DES ROUTES ROYALES ET PARTICULIERES,

Que contiennent toutes les Feuilles de l'Indicateur Fidéle, ou Guide des Voyageurs.

ROUTE DE PARIS AUX VILLES DE PROVINCE,
Des Villes à Paris, & des différentes Villes entr'elles.

Feuilles.			Provinces.	Feuilles.			Provinces.
	A						
	à Angers,.......	Ville.	Anjou.		Brives........	Ville.	Limosin.
2ᵉ Fˡᵉ	à Alençon,......	Ville.	Normandie.		Blois.........	Ville.	Orléanois.
	à Ancenis......	Ville.	Bretagne.		Barbezieux...	Bourg.	Angoumois.
	à Arpajon......	Ville.	Isle de France.	3ᵉ Fˡᵉ	Barre. (la)...	Bourg.	Poitou.
	à Artenay......	Bourg.	Orléanois.		Briou........	Bourg.	Poitou.
	à Argenton.....	Ville.	le Berri.		Blaye........	Ville.	Bordelois.
3 F.	à Amboise......	Ville.	la Touraine.		Bordeaux.....	Ville.	Bordelois.
	à Angoulême...	Ville.	Angoumois.		Beau Moulin.	Bourg.	Orléanois.
	à Aunay.......	Ville.	Poitou.	4 F.	Briare.........	Ville.	Orléanois.
	à Annier.......	Bourg.	Xaintonge.		Bonni.........	Ville.	Orléanois.
4 F.	à Auxerre......	Ville.	Bourgogne.	5 F.	Bar-le-Duc...	Ville.	Lorraine.
	à Arnay le Duc.	Bourg.	Bourgogne.		Blamont......	Ville.	Lorraine.
	à Arcis sur Aube	Bourg.	Champagne.		Brie-Comte-Robert...	Ville.	Brie.
6 F.	à Ancy-le-Franc	Bourg.	Bourgogne.		Bray..........	Ville.	Champagne.
	à Arc..........	Ville.	Champagne.		Bar-sur-Seine..	Ville.	Champagne.
	à Auxonne.....	Ville.	Bourgogne.		Baigneux.....	Bourg.	Bourgogne.
7 F.	à Arlons........	Ville.	Duché de Luxembourg.		Beaune.......	Ville.	Bourgogne.
8 F.	à Altkirch......	Ville.	Alsace.	6 F.	Besançon......	Ville.	Franche Comté.
	à Arras.........	Ville.	Artois.		Beaume-les-Dames.	Ville.	Franche Comté.
9 F.	à Armentières..	Ville.	Flandre.		Belfort........	Ville.	Franche Comté.
	à Ath..........	Ville.	Pays-Bas.		Basle..........	Ville.	Suisse.
	à Argences.....	Bourg.	Normandie.		Bacarat.......	Bourg.	Lorraine.
10 F.	à Amiens.......	Ville.	Amienois.		Benfelden.....	Bourg.	Alsace.
	à Ault..........	Bourg.	Normandie.		Braine........	Ville.	Soissonnois.
	à Aire..........	Ville.	Flandre.	7 F.	Bouillon.......	Ville.	Duché.
	à Ardres.......	Ville.	Flandre.		Boulay........	Ville.	Lorraine.
11 F.	à Amsterdam..	Ville.	Hollande.		Bellem........	Bourg.	Principauté de Spire.
	à Antwerpen...	Ville.	Hollande.		Bar-sur-Aube..	Ville.	Champagne.
12 F.	à Aix..........	Ville.	Provence.	8 F.	Belfort........	Ville.	Franche Comté.
13 F.	à Ausbourg....	Ville.	Suabe Allemagne.		Basle.........	Ville.	Suisse.
	à Amstetten,...	Bourg.	Allemagne.		Bapaume.....	Ville.	Artois.
					Bailleul.......	Ville.	Flandre.
	B				Berge.........	Ville.	Flandre.
2 F.	Bellesme,.......	Ville.	Le Maine.	9 F.	Bouchain.....	Ville.	Flandre.
					Bruxelles......	Ville.	Pays-Bas.
					Braine-le-Comte.	Bourg.	Pays-Bas.

Feuilles.			Provinces.	Feuilles.			Provinces.
10°F^{le}	Bayeux.	Ville.	Normandie.	8°F^{le}	Chaumont.	Ville.	Bassigny.
	Beaumont.	Ville.	Isle de France.	9 F.	Compiégne.	Ville.	Isle de France.
	Beauvais.	Ville.	Beauvoisis.		Cambrai.	Ville.	Cambraisis.
	Blangis.	Bourg.	Normandie.		Cassel.	Ville.	Flandre.
	Breteuil.	Bourg.	Amienois.		Caën.	Ville.	Normandie.
	Bethune.	Ville.	Artois.		Carentan.	Ville.	Normandie.
	Boulogne.	Ville.	Boulonois.		Cherbourg.	Ville.	Normandie.
11 F.	Bergop-Zoom.	Ville.	Pays-Bas.		Caudebec.	Ville.	Pays-de-Caux.
12 F.	Boleme.	Bourg.	Valentinois.		Cany.	Bourg.	Normandie.
13 F.	Bruchsal.	Ville.	Allemagne.		Creil.	Ville.	Beauvoisin.
	Bessigheim.	Bourg.	Allemagne.		Clermont.	Ville.	Beauvoisin.
	Bichgheim.	Bourg.	Allemagne.	10 F.	Chambly.	Bourg.	Isle de France.
	Braunau.	Ville.	Allemagne.		Crotoy.	Bourg.	Picardie.
					Calais.	Ville.	Flandre.
C					Cassel.	Ville.	Flandre.
					Cudekerke.	Bourg.	Flandre.
	Chartres.	Ville.	la Beauce.		Canterbury.	Ville.	Angleterre.
2 F.	Château-Neuf.	Ville.	Isle de France.		Chailey.	Bourg.	Angleterre.
	Courville.	Bourg.	Beaune.		Croydon.	Bourg.	Angleterre.
	Château-Roux.	Ville.	Berri.		Cosham.	Ville.	Angleterre.
	Cressensac.	Bourg.	Limosin.	11 F.	Charlemont.	Ville.	Hainault.
	Cahors.	Ville.	Périgord.	12 F.	Cavaillon.	Ville.	Provence.
	Castelnau-de-Montrattier.	Ville.	Périgord.		Carstruh.	Ville.	Allemagne.
3 F.	Castelnau-de-Trefchefont.	Ville.	Périgord.	13 F.	Canstatt.	Ville.	Allemagne.
	Clery.	Ville.	Orléanois.		Crems.	Ville.	Allemagne.
	Celle (le).	Bourg.	Saumurois.				
	Châtelleraud.	Ville.	Saumurois.	**D**			
	Chenay.	Bourg.	Poitou.				
	Colombier.	Bourg.	Poitou.	2 F.	Dreux.	Ville.	Isle de France.
	Chany.	Ville.	Bourgogne.		Durtal.	Ville.	Anjou.
4 F.	Châlons-sur-Saone.	Ville.	Bourgogne.	3 F.	Dourenac.	Ville.	Limosin.
	Cône.	Ville.	Orléanois.		Dange.	Bourg.	Saumurois.
	Charité (la).	Ville.	Nivernois.	5 F.	Dormans.	Ville.	Champagne.
5 F.	Château-Thierri.	Ville.	la Brie.	6 F.	Dijon.	Ville.	Bourgogne.
	Châlon-en-Champagne.	Ville.	Champagne.		Dol.	Ville.	Franche-Comté.
	Chârenton.	Bourg.	Isle de France.		Dammartin.	Ville.	Isle de France.
	Coulomiers.	Ville.	Brie.		Dun.	Ville.	Champagne.
	Courteron.	Bourg.	Bourgogne.	7 F.	Donchery.	Ville.	Champagne.
	Châtillon.	Ville.	Bourgogne.		Dieuse.	Ville.	Lorraine.
6 F.	Château-Villain.	Ville.	Champagne.		Druzenheim.	Bourg.	Alsace.
	Chanceaux.	Bourg.	Bourgogne.		Douay.	Ville.	Flandre.
	Chagny.	Ville.	Bourgogne.	9 F.	Dixmude.	Ville.	Pays-bas.
	Chaumont.	Ville.	Bassigny.		Dunkerque.	Ville.	Flandre.
	Clerval.	Bourg.	Franche-Comté.		Dreux.	Ville.	Isle de France.
	Colmar.	Ville.	Alsace.		Dieppe.	Ville.	Normandie.
	Grecy.	Bourg.	Lanois.		Doulens.	Ville.	Picardie.
	Lecherne.	Ville.	Champagne.	10 F.	Dunkerque.	Ville.	Flandre.
7 F.	Clermont.	Ville.	Clermontois.		Douvre.	Ville.	Angleterre.
	Creutze.	Ville.	Electorat de T^{re}.		Dartfert.	Ville.	Angleterre.
	Caudel.	Bourg.	Principauté de Spire.		Douhill.	Bourg.	Angleterre.
	Château-Salins.	Ville.	Lorraine.				

Feuilles.			Provinces.	Feuilles.			Provinces.
1ᵉ Fˡᵉ	Delfft	Bourg.	Hollande.		Goppingen.	Ville.	Allemagne.
	Dortrick	Ville.	Hollande.		Geisling	Ville.	Allemagne.
	Durlach	Ville.	Allemagne.	13.ᵉ Fˡᵉ	Gunsburg	Ville.	Allemagne.
3 F.	Dilingen	Ville.	Allemagne.		Gundelfing	Ville.	Allemagne.
	Donawert	Ville.	Allemagne.		Greyen	Ville.	Allemagne.
	Dekendort	Ville.	Allemagne.				

E

H

2 F.	Estampes	Ville.	Orléanois.	2 F.	Houdan	Ville.	Isle de France.
	Etolliers	Ville.	Bourdelois.	7 F.	Haag	Ville.	Electorat de Tréves.
5 F.	Epernay	Ville.	Champagne.	9 F.	Halle	Ville.	Pays-Bas.
6 F.	Epinal	Ville.	Lorraine.		Ham	Ville.	Picardie.
	Erstein	Bourg.	Alsace.		Haudan	Ville.	Isle de France.
	Evreux	Ville.	Normandie.	10 F.	Harfleur	Ville.	Pays de Caux.
10 F.	Ecoüis	Bourg.	Normandie.		Havre (le)	Ville.	Pays de Caux.
	Eu	Ville.	Normandie.		Haven	Ville.	Angleterre.
	Etaples	Ville.	Allemagne.	11 F.	Haag	Ville.	Hollande.
13 F.	Etlingen	Ville.	Picardie.		Hailbron	Ville.	Allemagne.
	Efferting	Ville.	Allemagne.		Heidelberg	Ville.	Allemagne.
				13 F.	Hochstel	Ville.	Allemagne.
					Hochstel	Ville.	Franconie.
					Haag	Ville.	Allemagne.

F

I & J

2 F.	Flèche (la)	Ville.	Anjou.		Javron	Bourg.	Le Maine.
3 F.	Ferté (la)	Ville.	Orléanois.	2 F.	Ingrande	Ville.	Bretagne.
4 F.	Fontainebleau	Ville.	Isle de France.	4 F.	Joigny	Ville.	Bourgogne.
5 F.	Ferté (la)	Ville.	Brie.	6 F.	Joinville	Ville.	Champagne.
6 F.	Ferté (la)	Ville.	Champagne.	10 F.	Isigny	Ville.	Normandie.
	Favernay	Bourg.	Franche-Comté.		Illebonne	Bourg.	Pays de Caux.
	Fifme	Ville.	Champagne.	13 F.	Ingolstatt	Ville.	Allemagne.
7 F.	Francfort	Ville.	Franconie.		Ips	Ville.	Allemagne.
	Franckendel	Ville.	Palatine.				
	Fenestrange	Ville.	Lorraine.				
8 F.	Fayl-Billot	Bourg.	Franche-Comté.				
	Fécamp	Ville.	Normandie.				
10 F.	Frevent	Bourg.	Picardie.				
	Feversham	Ville.	Angleterre.				
13 F.	Friberg	Ville.	Allemagne.				

K

				9 F.	Kievrain	Bourg.	Pays-Bas.
				10 F.	Kingston	Bourg.	Angleterre.
					Kehl	Fort.	Alsace.
				13 F.	Kelheim	Ville.	Allemagne.
					Korneiburg	Ville.	Allemagne.

G

L

3 F.	Grizolles	Bourg.	Gascogne.	2 F.	Laval	Ville.	Le Maine.
6 F.	Gyé	Bourg.	Bourgogne.		Linas	Bourg.	Isle de France.
	Guemar	Ville.	Alsace.		Lonjumaux	Bourg.	Isle de France.
7 F.	Guise	Ville.	Thiérache.	3 F.	Limoges	Ville.	Limosin.
	Gonnesse	Ville.	Isle de France.		Loupiac	Bourg.	Périgord.
9 F.	Guile	Ville.	Thierache.		Lusignan	Ville.	Poitou.
	Gramont	Ville.	Pays-Bas.	4 F.	Lyon	Ville.	Lyonnois.
	Gaillon	Bourg.	Normandie.	5 F.	Ligny	Ville.	Lorraine.
	Gamaches	Bourg.	Normandie.		Luneville	Ville.	Lorraine.
	Gravelines	Ville.	Flandre.				
10 F.	Guilford	Ville.	Angleterre.				
	Grinstead	Bourg.	Angleterre.				
	Gravesend	Ville.	Angleterre.				

Feuilles.			Provinces.	Feuilles.			Provinces.
6ᵉ Fᵗᵉ	Laigues.	Bourg.	Bourgogne.	8ᵉ Fᵗᵉ	Marckolsheim	Ville.	Alsace.
	Luxul.	Ville.	Franche-Comté.	9 F.	Maubeuge.	Ville.	Hainault.
	Langres.	Ville.	Champagne.		Mons.	Ville.	Pays-Bas.
	Laon.	Ville.	Laonois.		Meulan.	Ville.	Isle de France.
	Longuion.	Ville.	Lorraine.		Mantes.	Ville.	Isle de France.
7 F.	Longwy.	Ville.	Pays Messin.	10 F.	Montivilliers.	Bourg.	Pays de Caux.
	Luxembourg.	Ville.	Duché.		Montreuil.	Ville.	Picardie.
	Lauterbourg.	Ville.	Alsace.		Marseille.	Bourg.	Picardie.
8 F.	Langres.	Ville.	Champagne.		Mordick.	Ville.	Pays-Bas.
	Louvres.	Ville.	Isle de France.	11 F.	Méchelen.	Ville.	Pays-Bas.
9 F.	Landrecy.	Ville.	Hainault.		Marienbourg.	Ville.	Hainault.
	Lille.	Ville.	Flandre.		Montélimart.	Ville.	Valentinois.
	Lens.	Ville.	Artois.	12 F.	Montdragon.	Bourg.	Valentinois.
	Lisieux.	Ville.	Normandie.		Marseille.	Ville.	Provence.
	Liliers.	Ville.	Flandre.		Manheim.	Ville.	Electorat.
10 F.	Luzarche.	Ville.	Isle de France.		Monheim.	Bourg.	Allemagne.
	Lewes.	Ville.	Angleterre.	13 F.	Munich.	Ville.	Electorat.
	Londres.	Ville.	Angleterre.		Molck.	Ville.	Allemagne.
11 F.	Leyden.	Ville.	Hollande.		Moutern.	Ville.	Allemagne.
12 F.	Lambes.	Bourg.	Provence.				
	Lichtenau.	Bourg.	Allemagne.		**N**		
13 F.	Lavingen.	Ville.	Allemagne.	2 F.	Nonancourt.	Ville.	Isle de France.
	Lints.	Ville.	Allemagne.		Nantes.	Ville.	Bretagne.
				3 F.	Nouan.	Ville.	Orléanois.
	M				Nouan-sur-Loir.	Ville.	Orléanois.
2 F.	Mans. (le)	Ville.	le Maine.		Nemours.	Ville.	Orléanois.
	Mortagnes.	Ville.	le Maine.	4 F.	Neuwy.	Bourg.	Orléanois.
	Mortroles.	Ville.	la Marche.		Nevers.	Ville.	Nivernois.
	Magnac.	Ville.	Limosin.	5 F.	Nancy.	Ville.	Lorraine.
3 F.	Montauban.	Ville.	Périgord.		Nogent.	Ville.	Champagne.
	Manle.	Bourg.	Poitou.	6 F.	Neuville.	Bourg.	Bourgogne.
	Mirambeau.	Ville.	Xaintonge.		Nuys.	Ville.	Bourgogne.
	Moret.	Ville.	Bourgogne.	7 F.	Nanteuil.	Bourg.	Isle de France.
	Mâcon.	Ville.	Bourgogne.	8 F.	Nogent.	Ville.	Champagne.
4 F.	Montargis.	Ville.	Orléans.		Neubrisac.	Ville.	Alsace.
	Moulins.	Ville.	Bourbonnois.	9 F.	Noyon.	Ville.	Picardie.
5 F.	Meaux.	Ville.	La Brie.		Nieuport.	Ville.	Pays-Bas.
	Mestre.	Ville.	Pays Messin.	10 F.	Nonancourt.	Ville.	Isle de France.
	Meulan.	Ville.	Isle de France.	11 F.	Namur.	Ville.	Hainault.
	Montreau.	Ville.	Champagne.	13 F.	Nuremberg.	Ville.	Allemagne.
6 F.	Mircourt.	Ville.	Lorraine.		Neuburg.	Ville.	Allemagne.
	Montbelliard.	Ville.	Franche-Comté.				
	Mussy-Levêque.	Ville.	Bourgogne.		**O**		
	Maubertfontaine.	Ville.	Thiérache.	3 F.	Orléans.	Ville.	Orléanois.
	Merière.	Ville.	Champagne.	7 F.	Ogersheim.	Ville.	Alsace.
	Mouron.	Ville.	Champagne.		Oppenheim.	Ville.	Electorat de Mayence.
7 F.	Mousa.	Ville.	Champagne.		Ostende.	Ville.	Pays-Bas.
	Mestre.	Ville.	Pays Messin.	9 F.	Origny.	Bourg.	Picardie.
	Marsal.	Ville.	Lorraine.	12 F.	Orange.	Ville.	Valentinois.
	Moyen-Vic.	Bourg.	Pays Messin.				
	Mayence.	Ville.	Electorat.				

Feuilles.			Provinces.	Feuilles.			Provinces.
				11 Fle	Rotterdam.	Ville.	Hollande.
	P			13 F.	Ratisbonne.	Ville.	Allemagne.
1 Fle	Préenpaille.	Bourg.	Le Maine.		**S**		
	Peyrac.	Bourg.	Périgord.	2 F.	S. George.	Bourg.	Anjou.
3 F.	Poitiers.	Ville.	Poitou.		Salbris.	Ville.	Berri.
	Pons.	Bourg.	Xaintonge.		Selon.	Bourg.	Berri.
	Plassac.	Bourg.	Xaintonge.		Souillac.	Ville.	Périgord.
4 F.	Pont-sur-Yonne.	Bourg.	Champagne.		S. Laurent.	Bourg.	Orléanois.
	Pouilly.	Ville.	Nivernois	3 F.	S. Dié.	Ville.	Orléanois.
5 F.	Phalsbourg.	Ville.	Alsace.		Ste Mare.	Ville.	Touraine.
	Pont-sur-Vanne.	Bourg.	Champagne.		Salizay.	Bourg.	Poitou.
	Plombiere.	Ville.	Lorraine.		S. Jean.	Ville.	Xaintonge.
6 F.	Provins.	Ville.	Brie.		Saintes.	Ville.	Xaintonge.
	Pont-sur-Seine.	Ville.	Champagne.		S. Génis.	Bourg.	Xaintonge.
	Porrentrui.	Ville.	Principauté de Spire		Sens.	Ville.	Bourgogne.
7 F.	Phalsbourg.	Ville.	Alsace.		S. Prix.	Bourg.	Bourgogne.
	Provins.	Ville.	Brie.		Saulieu.	Ville.	Bourgogne.
8 F.	Pont-sur-Seine.	Ville.	Champagne.	4 F.	S. Pierre le Moutier	Bourg.	Nivernois.
	Port-sur-Saone.	Bourg.	Franche-Comté.		S. Gerant.	Bourg.	Bourbonnois.
9 F.	Pont Ste Maxence.	Ville.	Picardie.		S. Simphorien.	Bourg.	Lyonnois.
	Peronne.	Ville.	Picardie.		S. Dizier.	Ville.	Champagne.
	Poissy.	Bourg.	Isle de France.		S. Nicolas.	Ville.	Lorraine.
	Pont de l'Arche	Ville.	Normandie.	5 F.	Sarbourg.	Ville.	Lorraine.
10 F.	Pontoise.	Ville.	Isle de France.		Saverne.	Ville.	Alsace.
	Portsmouth.	Ville.	Angleterre.		Strasbourg.	Ville.	Alsace.
	Petersfield.	Ville.	Angleterre.		Ste Ménehoult.	Ville.	Champagne.
11 F.	Philippeville.	Ville.	Hainault.		Sens.	Ville.	Bourgogne.
12 F.	Pont S. Esprit.	Ville.	Valentinois.		Ste Marie aux mines	Ville.	Lorraine.
	Pforzheim.	Ville.	Allemagne.	6 F.	S. Diey.	Ville.	Lorraine.
13 F.	Pogenberg.	Bourg.	Allemagne.		Strasbourg.	Ville.	Alsace.
	Possau.	Ville.	Allemagne.		Schlestsatt.	Ville.	Alsace.
	R				Sernay.	Ville.	Alsace.
	Rennes.	Ville.	Bretagne.		Soissons.	Ville.	Soissonnois.
2 F.	Rembouillet.	Bourg.	Isle de France.		Sédan.	Ville.	Champagne.
	Remalard.	Bourg.	Le Maine.		Stenay.	Ville.	Champagne.
4 F.	Rouvray.	Bourg.	Bourgogne.		Ste Ménehoult.	Ville.	Champagne.
	Roanne.	Ville.	Lyonnois.	7 F.	Suippe.	Ville.	Champagne.
	Rameru.	Bourg.	Champagne.		Sarlouis.	Ville.	Pays Messin.
	Rouvray.	Bourg.	Bourgogne.		Saverne.	Ville.	Alsace.
6 F.	Rufach.	Ville.	Alsace.		Spire.	Ville.	Principauté de Spire.
	Raon Létape.	Ville.	Lorraine.		Seltz.	Ville.	Alsace.
	Remiremont.	Ville.	Lorraine.		Strasbourg.	Ville.	Alsace.
	Rheims.	Ville.	Champagne.	8 F.	Strasbourg.	Ville.	Alsace.
7 F.	Rethel.	Ville.	Champagne.		Senlis.	Ville.	Isle de France.
	Rocroy.	Ville.	Thiérache.		Soigmes.	Ville.	Pays-Bas.
	Rodemach.	Bourg.	Pays Messin.	9 F.	S. Quentin.	Ville.	Picardie.
9 F.	Roye.	Ville.	Picardie.		Soissons.	Ville.	Soissonnois.
	Rouen.	Ville.	Normandie.				
10 F.	Rue.	Bourg.	Normandie.				
	Rochester.	Ville.	Angleterre.				

Feuilles.			Provinces.	Feuilles.			Provinces.
10 F.	Ste. Mere Eglise	Ville.	Normandie.	3e Fle	Vierzon	Ville.	Berri.
	S. Germain	Ville.	Isle de France.		Vatan	Ville.	Berri.
	S. Denis	Ville.	Isle de France.		Veuves	Bourg.	Touraine.
	S. Clair	Bourg.	Normandie.		Ville-Dieu	Bourg.	Poitou.
	S. Vallery	Ville.	Pays de Caux.		Vivonne	Bourg.	Poitou.
	S. Omer	Ville.	Flandre.	4 F.	Villeneuve la Gùiard	Bourg.	Bourgogne.
	S. Paul	Ville.	Artois.		Villeneuve le Roi.	Bourg.	Bourgogne.
	S. Juste	Bourg.	Beauvoisis.		Vermanton	Ville.	Bourgogne.
	Siftingborn	Ville.	Angleterre.		Ville franche	Ville.	Lyonnois.
	Strétham	Ville.	Angleterre.	5 F.	Vitry-le-François	Ville.	Champagne.
11 F.	S. Mihiel	Ville.	Lorraine.		Verdun	Ville.	Pays Meffin.
12 F.	S. Audiol	Bourg.	Valentinois.		Vic	Ville.	Verdunois.
13 F.	Sigarstkirch	Bourg.	Allemagne.		Villenoxe	Ville.	Champagne.
	Stockerau	Bourg.	Allemagne.		Vitry-le-François	Ville.	Champagne.
	S. Polten	Ville.	Allemagne.		Vignory	Bourg.	Champagne.
	Strenberg	Bourg.	Allemagne.	6 F.	Villeneuve	Ville.	Champagne.
	Straubing	Ville.	Allemagne.		Villemaur	Bourg.	Champagne.
	Stuttgart	Ville.	Wirtemberg.		Vitteaux	Ville.	Bourgogne.
					Vesoul	Ville.	Franche Comté.
					Vauvillers	Bourg.	Lorraine.
T					Villers-Coterets	Ville.	Isle de France.
3 F.	Thoury	Bourg.	Orléanois.	7 F.	Verdun	Ville.	Verdunois.
	Tours	Ville.	Touraine.		Vic	Ville.	Pays Meffin.
	Toulouse	Ville.	Gascogne.		Vendœuvres	Ville.	Champagne.
4 F.	Tournus	Ville.	Bourgogne.	8 F.	Vesoul	Ville.	Franche Comté.
	Tarrare	Bourg.	Lyonnois.		Vieuxbrisac	Ville.	Alsace.
5 F.	Toul	Ville.	Toulois.	9 F.	Valenciennes	Ville.	Flandre.
6 F.	Troyes	Ville.	Champagne.		Verberie	Ville.	Isle de France.
	Tonnerre	Ville.	Bourgogne.	10 F.	Valogne	Ville.	Normandie.
	Talans	Ville.	Bourgogne.		Vernon	Ville.	Normandie.
7 F.	Tourteron	Bourg.	Champagne.		Veulles	Bourg.	Pays de Caux.
	Treves	Ville.	Electorat.		Viviers	Ville.	Valentinois.
8 F.	Troyes	Ville.	Champagne.	11 F.	Valence	Ville.	Valentinois.
9 F.	Tournay	Ville.	Pays-Bas.		Vienne	Ville.	Dauphinois.
10 F.	Tôtes	Bourg.	Pays de Caux.				
	Thérouenne	Bourg.	Flandre.	**W**			
	Treport	Bourg.	Normandie.	7 F.	Worms	Ville.	Palatinat.
13 F.	Tull	Ville.	Allemagne.	13 F.	Wifloch	Bourg.	Allemagne.
					Waingheim	Bourg.	Allemagne.
U					Wohburg	Bourg.	Allemagne.
3 F.	Uzerche	Ville.	Limofin.		Wilshowen	Ville.	Allemagne.
13 F.	Ulm	Ville.	Allemagne.		Wels	Ville.	Allemagne.
					Wienne	Ville.	Allemagne.
V							
2 F.	Versailles	Ville.	Isle de France.	**Y**			
	Verneuil	Ville.	Isle de France.	9 F.	Ypres	Ville.	Flandre.
	Vitré	Ville.	Bretagne.				

FIN.

CATALOGUE ALPHABÉTIQUE
DU SUPPLÉMENT
DES 1380 VILLES ET ROUTES DE FRANCE.

La marque × veut dire que toutes les Villes & Bourgs auxquels elle est jointe, sont branchés sur la même Route, avec leur distance cotée en lieues.

Feuilles.			Provinces.	Feuilles.			Provinces.
	A			S. 16e. Fle			
	Aubigny.	Bourg.	Orléanois.		Auch.	Ville.	Armagnac.
4e Fle	Auxerre.	Ville.	Bourgogne.	16. F.	Alby.	Ville.	Languedoc.
	Avallon.	Ville.	Bourgogne.		Aurignac. ×	Ville.	Languedoc.
5 F.	Ancerville.	Ville.	Champagne.		Aubenas.	Ville.	Languedoc.
6 F.	Aignay.	Bourg.	Bourgogne.		Argenton.	Ville.	Berri.
7 F.	Attigny.	Bourg.	Champagne.		Argentac.	Ville.	Limosin.
	Aubanton.	Bourg.	Thiérache.		Aurillac.	Ville.	Auvergne.
	Albert.	Bourg.	Picardie.	17 F.	Aigueperse.	Bourg.	Auvergne.
9 F.	Amiens.	Ville.	Picardie.		Aubenas. ×	Bourg.	Languedoc.
	Anizy.	Bourg.	Launois.		Alanche. ×	Bourg.	Auvergne.
	Avesne.	Ville.	Hainaut.		Ambriel. ×	Ville.	Lyonnois.
	Aubigny.	Bourg.	Artois.		Avignon.	Ville.	Vénaissin.
	Avesne.	Bourg.	Artois.		Anot.	Bourg.	Provence.
	Arras.	Ville.	Artois.		Antibes.	Ville.	Provence.
	Auxy.	Bourg.	Picardie.		Aix.	Ville.	Provence.
	Airaines.	Bourg.	Amiénois.		Aubagne.	Bourg.	Provence.
10 F.	Abbeville.	Ville.	Picardie.		Arles.	Ville.	Provence.
	Argences.	Bourg.	Normandie.	18 F.	Aiguemorte.	Ville.	Languedoc.
	Andelis petit.	Bourg.	Normandie.		Aniane.	Ville.	Languedoc.
	Andelis grand.	Bourg.	Normandie.		Agde.	Ville.	Languedoc.
	Aulnay.	Bourg.	Normandie.		Alby. ×	Ville.	Languedoc.
	Anet.	Ville.	Isle de Franc.		Alet. ×	Ville.	Languedoc.
14 F.	Avranches.	Ville.	Normandie.		Alais. ×	Ville.	Languedoc.
	Auray.	Bourg.	Bretagne.		Apt. ×	Ville.	Provence.
	Angers.	Ville.	Anjou.	3 F.	Angerville.	Bourg.	Beauce.
	Azac.	Bourg.	La Marche.		Achere.	Bourg.	Beauce.
	Angoulême.	Ville.	Angoumois.	2 F.	Ablis.	Bourg.	Isle de France.
15 F.	Argenton. ×	Bourg.	Poitou.		Authon.	Ville.	Beauce.
	Argenton × (Château).	Bourg.	Poitou.		**B**		
	Argenton. ×	Ville.	Poitou.		Bonneval.	Ville.	Beauce.
	Aizenay. ×	Ville.	Berri.	2e Fle	Brou. [ble.	Bourg.	Beauce.
	Aubeterre. ×	Bourg.	Angoumois.		Bonne-Era-	Bourg.	Maine.
	Agen.	Ville.	Agenois.	3 F.	Beaugency.	Ville.	Orléanois.
16 F.	Auvillar.	Ville.	Agenois.				
	Aire.	Ville.	Gascogne.				

A

Feuilles.	Suite de B.		Provinces.	Feuilles.			Provinces.
4ᵉ. Fˡᵉ	Brinon.	Bourg.	Champagne.		Barre (la).	Bourg.	Poitou.
	Bléneau.	Bourg.	Nivernois.		Blanc (le)	Ville.	Berri.
	Beaulieu.	Bourg.	Orléanois.		Beauvais.	Bourg.	Saintonge.
	Bourges.	Ville.	Berri.		Brouage.	Bourg.	Aunis.
5 F.	Bricy.	Ville.	Lorraine.		Brantôme.	Bourg.	Périgord.
	Bourmont.	Ville.	Lorraine.	Suite	Bergerac.	Ville.	Périgord.
	Bugneville.	Bourg.	Lorraine.	de la	Bourg.	Ville.	Bordelois.
	Bourbonne-			15ᵉ. Fˡᵉ.	Bordeaux.	Ville.	Bordelois.
6 F.	les-Bains.	Ville.	Champagne.		Blaye.	Ville.	Bordelois.
	Beze.	Bourg.	Bourgogne.		Buzançois. x	Ville.	Berri.
	Bruyere.	Ville.	Lorraine.		Bélac. x	Ville.	La Marche.
	Berich.	Ville.	Alsace.		Bourg x	Bourg.	Angoumois.
	Beauvoir. x	Bourg.	Franche-Comté.		Brives. x	Ville.	Limosin.
	Beaumont.	Ville.	Hainault.		Bordeaux.	Ville.	Bordelois.
	Bruyeres.	Bourg.	Laonnois.		Bazas.	Ville.	Bazadois.
	Bar-le-Duc.	Ville.	Barrois.	16 F.	Bélin.	Bourg.	Landes.
7 F.	Bouzonville.	Ville.	Lorraine.		Baumarchais.	Bourg.	Armagnac.
	Bitche.	Ville.	Lorraine.		Bayonne.	Ville.	Basques.
	Bergzabern.	Ville.	Deux-ponts.		Bologne. x	Ville.	Cominges.
	Billirckheim.	Ville.	Palatinat.		Brives. [cy.	Ville.	Limosin.
	Brienne-le-				Bourbon-Lā-		
8 F.	Château.	Ville.	Champagne.		Bourg-en-		
	Brie-Comte-				Bresse.	Ville.	Bresse.
	Robert.	Ville.	Isle de France.		Brioude.	Ville.	Auvergne.
	Bassée (la).	Ville.	Artois.	17 F.	Beauvoisin. x	Bourg.	Dauphiné.
9 F.	Baray.	Ville.	Hainaut.		Bourgargetil. x	Bourg.	Languedoc.
	Bohain.	Ville.	Thiérache.		Billom. x	Bourg.	Auvergne.
	Bétancourt.	Bourg.	Soissonnois.		Besse.	Ville.	Auvergne.
					Bradon.	Bourg.	Auvergne.
	Bergues.	Ville.	Flandre.		Brivesas.	Ville.	Limosin.
	Bourbourg.	Bourg.	Flandre.		Béziers.	Ville.	Languedoc.
	Bosse (la).	Bourg.	Isle de France.		Bellegarde.	Fort.	Roussillon.
	Beaumont.	Ville.	Normandie.		Beaux (les).	Bourg.	Provence.
10 F.	Bernay. x	Ville.	Normandie.	18 F.	Beaucaire.	Ville.	Languedoc.
	Brionne.	Ville.	Normandie.		Barcelonet-		
	Beuzeville.	Ville.	Normandie.		te, x ou	Ville.	Provence.
	Blangis.	Bourg.	Normandie.		Barcelonne.		
	Bretteville. x	Ville.	Normandie.				
	Barfleur.	Ville.	Normandie.		C		
	Belle-Isle.	Ville.	Bretagne.	2ᵉ. Fˡᵉ.	Champrond.	Bourg.	Le Perche.
14 F.	Brest.	Ville.	Bretagne.		Chartres.	Ville.	Beauce.
	Broons.	Bourg.	Bretagne.	3. F.	Châteauneuf.	Ville.	Orléanois.
	Bain.	Bourg.	Bretagne.		Châteaudun.	Ville.	Orléanois.
	Bourgeuil.	Bourg.	Anjou.		Courtenay.	Bourg.	Orléanois.
15 F.	Bourneuf.	Bourg.	Bretagne.		Cerisiers.	Bourg.	Champagne.
	Bouin.	Bourg.	Bretagne.	4. F.	Château-Re-		
	Beauvoir.	Bourg.	Poitou.		nard.	Bourg.	Orléanois.
	Bournereau.	Bourg.	Poitou.		Chablis.	Ville.	Champagne.
					Coulanges.	Bourg.	Bourgogne.

Feuilles.				Feuilles.			
Suite de la 4ᵉ. Fˡᵉ	Coulanges sur Yonne.	Bourg.	Bourgogne.		Château-Briant.	Bourg.	Bretagne.
	Cravant.	Bourg.	Bourgogne.		Châteauduloir.	Ville.	Maine.
	Charantenay.	Bourg.	Bourgogne.		Chalus.	Bourg.	Limosin.
	Chatel.	Bourg.	Bourgogne.		Castillon.	Bourg.	Bordelois.
	Clamecy.	Ville.	Nivernois.		Cognac.	Bourg.	Saintonge.
	Châtillon.	Bourg.	Orléanois.		Coſes.	Bourg.	Saintonge.
	Corbeil.	Ville.	Isle de France.		Cognac.	Ville.	Angoumois.
6 F.	Champlitte.	Bourg.	Franch.Côté.		Châtelleraud.	Ville.	Poitou.
	Clervaux.	Bourg.	Champagne.		Chinon. x	Ville.	Touraine.
	Chatenois.	Bourg.	Alsace.	15ᵉ. Fˡᵉ	Châteaugontier. x	Ville.	Anjou.
	Conflans.	Bourg.	Franche Comté.		Chateigneray. x	Bourg.	Poitou.
	Chaourse.	Ville.	Champagne.		Confolent. x	Ville.	Poitou.
	Châlons sur Saone.	Ville.	Bourgogne.		Chebanois. x	Ville.	Poitou.
	Chaigny.	Ville.	Bourgogne.		Châteauneuf. x	Bourg.	Angoumois.
	Chalons en Champagn.	Ville.	Champagne.		Chalais. x	Bourg.	Angoumois.
	Chatenois.	Bourg.	Lorraine.		Castillon. x	Bourg.	Bordelois.
	Charmes.	Ville.	Lorraine.		Chauvigny. x	Bourg.	Poitou.
	Chatel.	Ville.	Lorraine.		Castres.	Ville.	Guyenne.
7 F.	Charlemont.	Ville.	Hainaut.		Cepferot.	Fort.	Guyenne.
	Chimay.	Ville.	Hainaut.		Cap-Breton.	Fort.	Landes.
	Couvin.	Ville.	Hainaut.		Clérac.	Bourg.	Agénois.
	Crepy.	Ville.	Laonnois.		Condom.	Ville.	Condomois.
	Coucy.	Ville.	Soissonnois.	16 F.	Cahors.	Ville.	Quercy.
	Carignan.	Ville.	D. de Bouillon.		Castelnau.	Ville.	Quercy.
	Cormici.	Bourg.	Champagne.		Castelnau.	Ville.	Languedoc.
	Crouy.	Bourg.	Brie.		Castres.	Ville.	Languedoc.
9 F.	Condé.	Ville.	Flandre.		Carcassone.	Ville.	Languedoc.
	Cateau (le).	Ville.	Cambresis.		Castelnaudary.	Ville.	Languedoc.
	Castelet.	Ville.	Thiérache.		Castelsarasin.	Bourg.	Gascogne.
	Capelle (la).	Ville.	Thiérache.		Castel Léon. x	Ville.	Espagne.
	Chauny.	Ville.	Picardie.		Cressensac.	Bourg.	Limosin.
10 F.	Cressy.	Bourg.	Picardie.		Clermont.	Ville.	Auvergne.
	Chaumont.	Ville.	Isle de France.		Châtillon.	Bourg.	Bresse.
	Caumont.	Bourg.	Normandie.		Chalamont.	Ville.	Dombes.
	Canisy.	Bourg.	Normandie.		Crémieu.	Bourg.	Dauphiné.
	Cerisy.	Bourg.	Normandie.	17 F.	Côte S. André (la).	Bourg.	Dauphiné.
	Coutance.	Ville.	Normandie.		Chavanne. x	Ville.	Bresse.
	Crévecœur. x	Bourg.	Normandie.		Chambery. x	Ville.	Savoye.
14 F.	Coutance.	Ville.	Normandie.		Chantelle. x	Bourg.	Auvergne.
	Châteauneuf.	Ville.	Bretagne.		Condrieu. x	Bourg.	Lyonnois.
	Chatelaudrin.	Bourg.	Bretagne.		Chazel. x	Bourg.	Lyonnois.
	Carhaix.	Ville.	Bretagne.		Carpentras.	Ville.	Vénaissin.
	Châteaulin.	Ville.	Bretagne.		Cavaillon.	Ville.	Vénaissin.
	Crozon.	Fort.	Bretagne.	18 F.	Château-Renard.	Bourg.	Provence.
	Côquerneau.	Bourg.	Bretagne.		Cannes.	Bourg.	Provence.
	Croisic.	Fort.	Bretagne.		Ciotat (la).	Ville.	Provence.

(4)

Feuilles.			Provinces.	Feuilles.			Provinces.
S. de la	Cuers.	Bourg.	Provence.		F		
	Cette.	Fort.	Languedoc.	6e. Fle.	(la) Ferté Aleps	Ville.	Isle de France.
18e. Fle.	Castres.	Ville.	Languedoc.		Flavigny.	Bourg.	Bourgogne.
	Carcassone.	Ville.	Languedoc.		Furckheim.	Ville.	Alsace.
	Collioure.	Fort.	Roussillon.		Fere en Tar-		
					tenois.	Bourg.	Brie.
	D			7 F.	Fauquemôt.	Bourg.	Lorraine.
					Forbach.	Bourg.	Lorraine.
2e. Fle. 3 F.	**D**ourdan.	Ville.	Isle de France.		Fribourg. x	Ville.	Brisgaw.
				9 F.	Fere (la).	Ville.	Picardie.
4 F.	Danguillon.	Bourg.	Berri.		Fournhen.	Bourg.	Flandre.
	Donzy.	Bourg.	Nivernois.	10 F.	Fruges.	Bourg.	Artois.
5 F.	Damvillers.	Ville.	Lorraine.		Fervacque.	Bourg.	Normandie.
	Darnay.	Bourg.	Lorraine.	14 F.	Faouet (le).	Bourg.	Bretagne.
6 F.	Dannemoine.	Bourg.	Champagne.		Fougeres.	Bourg.	Bretagne.
	Dampierre.	Bourg.	Franche-Côté.		Fontenay.	Ville.	Poitou.
8 F.	Dienville.	Ville.	Champagne.	15 F.	Force (la).	Bourg.	Perigord.
	Doulevent.	Ville.	Champagne.		Fleche (la).	Ville.	Anjou.
	Ducler.	Ville.	Normandie.		Fontarabie.	Ville.	Basques.
10 F.	Dives.	Ville.	Normandie.	16 F.	Fleurence.	Bourg.	Armagnac.
	Damville.	Ville.	Normandie.		Fesensac.	Bourg.	Armagnac.
14 F.	Dinant.	Ville.	Bretagne.	17 F.	Felletin.	Bourg.	Limosin.
	Dol.	Ville.	Bretagne.		Feurs. x	Bourg.	Lyonnois.
15 F.	Durtal.	Ville.	Anjou.	18 F.	Forcalquier.	Ville.	Provence.
	Dorat.	Ville.	La Marche.		Frejus.	Ville.	Provence.
	Damazan.	Ville.	Bazadois.				
16 F.	Dax.	Ville.	Gascogne.		**G**		
	Duravelle.	Bourg.	Quercy.	2e. Fle.	**G**ué de Logroy.	Bourg.	Beauce.
17 F.	Douzenac.	Ville.	Limousin.				
	Dorat.	Bourg.	La Marche.	3 F. 4 F.	Gien. x	Ville.	Orléannois.
18 F.	Draguignan.	Bourg.	Provence.	5 F.	Gorze.	Bourg.	Lorraine.
	Digne. x	Ville.	Provence.		Gondrecourt.	Bourg.	Lorraine.
					Godrecourt.		
	E				Gy.	Bourg.	Franch. Côté.
4e. Fle.	**E**greville.	Bourg.	Orléanois.		Gray.	Ville.	Franche Côté.
	Entrain.	Ville.	Bourgogne.	6 F.	Grancez.	Bourg.	Champagne.
5 F.	Estain.	Ville.	Lorraine.		Giromagny.	Bourg.	Alsace.
8 F.	Eclaron.	Ville.	Champagne.		Gerbeviller.	Ville.	Loraine.
	Estaire.	Bourg.	Flandre.		Guemar.	Bourg.	Alsace.
10 F.	Elbœuf.	Ville.	Normandie.		Gandelu.	Bourg.	Brie.
	Evrecy.	Bourg.	Normandie.	7 E.	Givet la Ville.	Ville.	Hainaut.
14 F.	Ernée.	Bourg.	Le Maine.		Givet N. D.	Ville.	Hainaut.
15 F.	Essarts (les).	Bourg.	Poitou.		Gorgne.	Bourg.	Flandre.
16 F.	Eaure.	Bourg.	Armagnac.		Gerberoy.	Bourg.	Normandie.
17 F.	Embrun. x	Ville.	Dauphiné.	10 F.	Gournay.	Bourg.	Normandie.
18 F.	Entrevaux.	Bourg.	Provence.		Gisors.	Ville.	Normandie.
	Elne.	Bourg.	Roussillon.		Granville.	Ville.	Normandie.

Feuilles.

(5)

Feuilles.	Suite de G.		Provinces.	Feuilles			Provinces.
	Granville.	Ville.	Normandie.	16ᵉ. Fle	Jugun.	Bourg.	Armagnac.
14ᵉ. Fle	Guingamp.	Ville.	Bretagne.	17 F.	Isoir.	Bourg.	Auvergne.
	Guers.	Bourg.	Bretagne.		L.		
	Guémené.	Bourg.	Bretagne.	4ᵉ. Fle	L Igny.	Bourg.	Champagne.
	Guerande.	Bourg.	Bretagne.	6 F.	Luistre.	Bourg.	Champagne.
15 F.	Guerche (la).	Bourg.	Bretagne.		Lorach.	Ville.	Suisse.
	Garnache(la).	Bourg.	Poitou.	7 F.	Landeau.	Ville.	Alsace.
	Gimont.	Bourg.	Saintonge.	9 F.	Lihons.	Ville.	Picardie.
	Gironde.	Bourg.	Bazadois.		Licque.	Ville.	Boulonnois.
16 F.	Grizolles.	Bourg.	Languedoc.	10 F.	Luchevy.	Bourg.	Picardie.
	Grenade.	Bourg.	Marsan.		Lyons.	Bourg.	Normandie.
	Gabaret. x	Bourg.	Armagnac.		Lambale.	Ville.	Bretagne.
	Gannat.	Bourg.	Bourbonnois.		Lannion.	Ville.	Bretagne.
17 F.	Grenoble.	Ville.	Dauphiné.		Lanmeur.	Ville.	Bretagne.
	Gueret. x	Bourg.	La Marche.	14 F.	Landivisiau.	Bourg.	Bretagne.
	Grace.	Ville.	Provence.		Landerneau.	Bourg.	Bretagne.
18 F.	Glandeves.	Ville.	Provence.		Lesneven.	Ville.	Bretagne.
	Giniac. x	Bourg.	Languedoc.		Locrenau.	Bourg.	Bretagne.
					Laval.		
	H.				Laval.	Ville.	Maine.
4ᵉ. Fle	H Enriche-				Luçon.	Ville.	Poitou.
	mont.	Bourg.	Berri.		Luine.	Bourg.	Touraine.
6 F.	Haroue.	Bourg.	Lorraine.		Langets.	Ville.	Touraine.
	Huningue.	Ville.	Alsace.		Lude.	Bourg.	Maine.
	Hazebrouck.	Bourg.	Artois.	15 F.	Loche.	Ville.	Touraine.
9 F.	Hennin.	Bourg.	Artois.		Lusignant.	Ville.	Poitou.
	Harbonnieres.	Bourg.	Picardie.		Limoges.	Ville.	Limosin.
	Huquelieres.	Bourg.	Artois.		Libourne.	Ville.	Bordelois.
	Hondtschoote.	Bourg.	Flandre.		Lespare.	Bourg.	Bordelois.
10 F.	Hesdin.	Ville.	Picardie.		Loudun. x	Ville.	Anjou.
	Houdain.	Bourg.	Artois.		Lion-Dangers x	Ville.	Anjou.
	Honfleur.	Ville.	Normandie.		Langon.	Bourg.	Bazadois.
	Homes (les).	Bourg.	Normandie.		Lusignan.	Bourg.	Agenois.
14 F.	Hennebond.	Bourg.	Bretagne.		Leitoure.	Ville.	Agenois.
15 F.	Herisson.	Bourg.	Poitou.	16 F.	Lescar.	Ville.	Béarn.
18 F.	Hiers.	Ville.	Provence.		Lisle.	Bourg.	Cominges.
					Lombes.	Ville.	Cominges.
	I J.				Luserte. x	Bourg.	Quercy.
2ᵉ. Fle	I Lliers.	Bourg.	Beauce.		Limoges.	Ville.	Limosin.
3 F.	Jargeau.	Ville.	Orléanois.	17ᵉ. Fle	Lion.	Ville.	Lyonnois.
4 F.	Irancy.	Bourg.	Bourgogne.		Lent.	Bourg.	Dombes.
5 F.	Jametz.	Bourg.	Clermontois.		Libersat.	Bourg.	Limosin.
6 F.	Jonvelle.	Bourg.	Frâche-Côté.		Lunel.	Bourg.	Languedoc.
	Is.	Ville.	Bourgogne.		Lambes.	Ville.	Provence.
8 F.	Jussey.	Bourg.	Franch.Côté.	18 F.	Lodeve. x	Ville.	Languedoc.
15 F.	Jarnac.	Ville.	Angoumois.		Limoux. x	Ville.	Languedoc.
					Lodun.	Bourg.	Vivarais.

B

(6)

Feuilles.	M.		Provinces.	Feuilles.			Provinces.
3ᵉ. Fˡᵉ	Montlhery.	Ville.	Isle de France.		Mucidon.	Bourg.	Périgord.
	Malesherbes.	Ville.	Beauce.		Mareuil.	Bourg.	Périgord.
4 F.	Malesherb.				Môt-Morillon.	Ville.	Poitou.
	Montbart.	Ville.	Bourgogne.		Montaigu.	Ville.	Poitou.
	Melun.	Ville.	Isle de France.		Mortagne. ×	Ville.	Poitou.
	Mailly.	Bourg.	Bourgogne.		Mauléon. ×	Ville.	Poitou.
6 F.	Marche (la).	Ville.	Lorraine.		Môt-Soreau ×	Ville.	Saumurois.
	Mirebeau.	Ville.	Bourgogne.	S. de la	Martizai. ×	Bourg.	Touraine.
	Marnay.	Ville.	Frâche-Côté.	15ᵉ. Fˡᵉ.	Magnac. ×	Ville.	Marche.
	Montbard.	Ville.	Bourgogne.		Mezier. ×	Bourg.	Touraine.
7 F.	Maubeuge.	Ville.	Hainaut.		Mirebeau. ×	Ville.	Saumurois.
	Moncornet.	Ville.	Thiérache.		Mont Saint- Savin. ×	Bourg.	Poitou.
	Mariembourg.	Ville.	Hainault.		Montreuil. ×	Ville.	Anjou.
	Marle.	Ville.	Thiérache.		Motte (la). ×	Bourg.	Poitou.
	Montmedy.	Ville.	Lorraine.		Mortemar. ×	Ville.	Marche.
	Marville.	Ville.	Lorraine.		Mont-Bron. ×	Bourg.	Angoumois.
8 F.	Môtiérender.	Bourg.	Champagne.		Marton. ×	Bourg.	Angoumois.
9 F.	Marchiennes.	Ville.	Flandre.		Marsan.	Ville.	Marsan.
	Menin.	Ville.	Pays-Bas.		Mas (le).	Bourg.	Bazadois.
10 F.	Moreuil.	Ville.	Picardie.		Marmande.	Bourg.	Agenois.
	Montdidier.	Ville.	Picardie.	16 F.	Magistere(la).	Bourg.	Agenois.
	Marigny.	Bourg.	Normandie.		Moissac.	Ville.	Quercy.
	Majneville.	Bourg.	Normandie.		Mont-Auban.	Ville.	Quercy.
	Meru.	Bourg.	Isle de France.		Montech.	Bourg.	Languedoc.
	Marine.	Bourg.	Isle de France.		Miremont. ×	Bourg.	Quercy.
	Maisy.	Bourg.	Normandie.		Muret. ×	Ville.	Cominges.
	Montebourg.	Ville.	Normandie.		Moulin.	Ville.	Bourbonnois.
	Mortagne. ×	Ville.	Normandie.		Maignac.	Ville.	Limosin.
	Mézidon. ×	Ville.	Normandie.		Morterol.	Ville.	Limosin.
14 F.	Mortain.	Ville.	Normandie.		Moissiac.	Bourg.	Auvergne.
	Matignon.	Ville.	Bretagne.		Marsigny.	Ville.	Bourgogne.
	Morlaix.	Ville.	Bretagne.		Mâcon.	Ville.	Bourgogne.
	Moncontour.	Bourg.	Bretagne.	17 F.	Mont-Luet.	Ville.	Bresse.
	Malestroit.	Bourg.	Bretagne.		Mont-Brisson.	Ville.	Forez.
	Martigné.	Bourg.	Bretagne.		Moirans.	Bourg.	Dauphiné.
	Machecou.	Bourg.	Bretagne.		Marsenac. ×	Bourg.	Auvergne.
	Mans (le).	Ville.	Maine.		Murat. ×	Bourg.	Auvergne.
	Malicorne.	Bourg.	Maine.		Monpensier. ×	Ville.	Auvergne.
	Mareuil.	Ville.	Poitou.		Maringues. ×	Bourg.	Auvergne.
	Maillezais.	Bourg.	Poitou.		Mande. ×	Ville.	Languedoc.
15ᵉ. Fˡᵉ.	Marans.	Bourg.	Aunis.		Montdragon.	Ville.	Valentinois.
	Mosay.	Bourg.	Saintonge.	18 F.	Montbrun.	Bourg.	Dauphiné.
	Moise.	Bourg.	Aunis.		Montpellier.	Ville.	Languedoc.
	Marennes.	Ville.	Aunis.		Marseille.	Ville.	Provence.
	Mortagne.	Bourg.	Saintonge.		**N.**		
	Mirambeau.	Bourg.	Saintonge.	2ᵉ.Fˡᵉ	Nogent.	Ville.	Perche.
	Médoc.	Bourg.	Bordelois.	3 F.	Neuville.	Bourg.	Orléanois.
	Montpont.	Bourg.	Périgord.				

(7)

Feuilles.	s. & N.		Provinces.	Feuilles.			Provinces.
4ᵉ. Fˡᵉ	Neury.	Bourg.	Champagne.	10ᵉ. Fˡᵉ	Pas.	Bourg.	Picardie.
	Noyers.	Bourg.	Bourgogne.		Poix.	Bourg.	Amiénois.
	Niderheim.	Ville.	Alsace.		Pacy.	Bourg.	Normandie.
6 F.	Neuf-Château.	Ville.	Lorraine.		Pont-Audemer.	Ville.	Normandie.
	Nogent.	Bourg.	Bassigny.		Pont-l'Evêque.	Ville.	Normandie.
7 F.	Neuf-Châtel.	Ville.	Laonois.		Pieux (les).	Ville.	Normandie.
	Neuf-Château.	Ville.	Lorraine.	14 F.	Pont-Orson.	Ville.	Normandie.
	Notre-Dame de Liesse.	Ville.	Laonois.		Pont-Farcy.	Bourg.	Normandie.
10 F.	Neuf-Bourg-Orbie. ×	Ville.	Normandie.		Ploemel.	Bourg.	Bretagne.
	Notre-Dame de la Délivrance.	Bourg.	Normandie.		Port-Louis.	Ville.	Bretagne.
					Pont-Croix.	Bourg.	Bretagne.
14 F.	Nantes.	Ville.	Bretagne.		Pont-Château.	Bourg.	Bretagne.
15 F.	Nantes. Nosay.	Bourg.	Bretagne.		Pouliguen.	Bourg.	Bretagne.
	Nontron.	Bourg.	Angoumois.	15 F.	Poitiers.	Ville.	Poitou.
16 F.	Nogaro.	Bourg.	Armagnac.		Périgueux.	Ville.	Périgord.
18 F.	Nismes.	Ville.	Languedoc.		Partenay. ×	Ville.	Saumurois.
	Narbonne.	Ville.	Languedoc.		Pouzanges. ×	Bourg.	Poitou.
	Nice.	Ville.	Piémont.		Paluau. ×	Bourg.	Poitou.
				16 F.	Pau.	Ville.	Béarn.
	O.				Palais.	Ville.	Béarn.
3ᵉ. Fˡᵉ	Olivet.	Bourg.	Orléanois.	17 F.	Pont-Gibaut.	Bourg.	Auvergne.
	Ozouer.	Bourg.	Orléanois.		Pont.	Bourg.	Auvergne.
4 F.	Ouanne.	Bourg.	Bourgogne.		Puy (le).	Ville.	Vélay.
	Ouzouer.	Bourg.	Orléanois.		Pradelles. ×	Bourg.	Languedoc.
9 F.	Orchie.	Ville.	Flandre.		Palisse. ×	Bourg.	Bourbonnois.
14 F.	Orient (l').	Ville.	Bretagne.	18 F.	Pont-Saint-Esprit.	Ville.	Valentinois.
15 F.	Oleron.	Isle.	Aunis.		Pezenas.	Ville.	Languedoc.
	Olonne.	Fort.	Poitou.		Perpignan.	Ville.	Roussillon.
16 F.	Oleron. ×	Bourg.	Béarnois.		Palme (la).	Bourg.	Languedoc.
	Orthez.	Ville.	Béarnois.		Pertuis. ×	Bourg.	Provence.
17 F.	Ortan.	Bourg.	Frâche-Côté.				
18 F.	Orange.	Ville.	Vénaissin.		**Q.**		
				9ᵉ. Fˡᵉ	Quénoy (le).	Ville.	Hainaut.
	P.			14 F.	Quintin.	Bourg.	Bretagne.
3ᵉ. Fˡᵉ	Pithiviers.	Ville.	Gâtinois.		Quimperlay.	Ville.	Bretagne.
4 F.	Poix.	Bourg.	Bourgogne.		Quimpercorentin.	Ville.	Bretagne.
5 F.	Pont-à-Mousson.	Ville.	Lorraine.		Quintambert.	Bourg.	Bretagne.
6 F.	Pesme.	Ville.	Frâche-Côté.		**R.**		
	Pontœillier.	Ville.	Bourgogne.	2ᵉ. Fˡᵉ	Rochefort.	Ville.	Isle de France.
7 F.	Philippeville.	Ville.	Hainaut.	6 F.	Recey.	Bourg.	Bourgogne.
8 F.	Plancy.	Bourg.	Champagne.		Remberviller.	Ville.	Lorraine.
9 F.	Puperinge.	Bourg.	Flandre.		Rosheim.	Ville.	Alsace.

(8)

Feuilles.	S. de R.		Provinces.	Feuilles.			Provinces.
7e. Fle.	Rumigny.	Ville.	Champagne.	6e. Fle.	Semur.	Ville.	Bourgogne.
	Rosoy.	Ville.	Thiérache.		Senones.	Ville.	
	Revin.	Ville.	Hainaut.		Saint-Loup.	Bourg.	Franch. Côté.
9 F.	Ronbaix.	Bourg.	Flandre.		Saint-Hippo-lyte.	Bourg.	Franche-Côté.
10 F.	Rousbrugge.	Bourg.	Flandre.				
	Reully.	Bourg.	Normandie.	7 F.	Saint-Mihiel.	Ville.	Lorraine.
14 F.	Rostrenau.	Bourg.	Bretagne.		Sarrebruck.	Ville.	Nassau.
	Rosporden.	Ville.	Bretagne.		Sarreguemine.	Ville.	Lorraine.
	Rohan.	Bourg.	Bretagne.		Sarre-Albe.	Ville.	Lorraine.
	Roche-Bernard (la).	Bourg.	Bretagne.		Saint-Avold.	Ville.	Lorraine.
	Rhédon.	Bourg.	Bretagne.	8 F.	Sommevoir.	Ville.	Champagne.
	Rennes.				Soulaines.	Bourg.	Champagne.
	Rennes.	Ville.	Bretagne.	9 F.	Saint-Venant.	Ville.	Artois.
15 F.	Rochelle (la).	Ville.	Aunis.		Saint-Amand.	Ville.	Flandre.
	Rochefort.	Ville.	Aunis.		Solesmes.	Bourg.	Flandre.
	Rhédon.	Bourg.	Bretagne.		Saint-Gobain.	Bourg.	Picardie.
	Royan.	Bourg.	Saintonge.		Sailly.	Bourg.	Flandre.
	Rochechouart.	Ville.	Poitou.		Saint-Riquier.	Bourg.	Amiénois.
	Rochefoucaut.	Ville.	Angoumois.		Songeon.	Bourg.	Normandie.
	Richelieu. x	Ville.	Saumurois.	10 F.	Saint-Pierre-Eglise.	Bourg.	Normandie.
	Romorentin. x	Ville.	Orléanois.		Saint-Pierre-Sur-Dive. x	Ville.	Normandie.
16 F.	Roquefort.	Ville.	Marsan.		Saint-Sylvin. x	Ville.	Normandie.
	Rions.	Bourg.	Guyenne.		Saint-Julien.	Bourg.	Normandie.
	Réole (la).	Bourg.	Bazadois.		Saint-Lo.		
	Revel.	Bourg.	Languedoc.		Saint-Lo.	Ville.	Normandie.
	Rieux.	Ville.	Comminge.		Saint-James.	Ville.	Normandie.
17 F.	Riom.	Ville.	Auvergne.		Saint-Hilaire.	Bourg.	Normandie.
	Roanne.	Ville.	Lyonnois.	14 F.	Saint-Malo.	Ville.	Bretagne.
	Romans.	Bourg	Dauphiné.		Saint-Brieu.	Ville.	Bretagne.
	Rhodes. x	Ville.	Languedoc.		Saint-Paul de Léon.	Ville.	Bretagne.
18 F.	Rivesaltes.	Ville.	Roussillon.		Saint-Nazaire.	Bourg.	Bretagne.
	Riez. x	Ville.	Provence.		Sablé.	Bourg.	Maine.
	S.				Saumur.	Ville.	Saumurois.
3e. Fle	S Origny.	Bourg.	Touraine.		Sainte-More.	Ville.	Touraine.
4 F.	Saint-Florentin.	Ville.	Champagne.		Saint-Maixent.	Bourg.	Poitou.
	Semur.	Ville.	Bourgogne.		Saint-Herme.	Bourg.	Poitou.
	Saint-Julien.	Bourg.	Champagne.		Saint-Gilles.	Bourg.	Poitou.
	Saint-Fargea	Bourg.	Bourgogne.	15 F.	Soubise.	Ville.	Aunis.
	Sancerre.	Ville.	Berri.		Saint-Martin.	Ville.	Isle de Rhé.
	Saint-Gondon.	Ville.			Saint-Savinien.	Bourg.	Saintonge.
		Bourg.	Orléanois.		Saintes.	Ville.	Saintonge.
5 F.	Saint-Mihiel.	Ville.	Lorraine.		Saint-Junien.	Ville.	Limosin.
					Saint-Estephe.	Bourg.	Bordelois.
					Soulac.	Fort.	Bordelois.
					Sainte-Foy.	Ville.	Périgord.
					St. Germain. x	Ville.	Marche.

	S. de S.		Provinces.	Feuilles.			Provinces.
F^{lle}	Saint-Jean de Luz.	Ville.	Basques.	16e F^{le}	Testes.	Bourg.	Guienne.
	S^t. Macaire.	Ville.	Guienne.		Tonneins.	Bourg.	Agénois.
	Souillac.	Ville.	Quercy.		Toulouse.	Ville.	Languedoc.
	Sarlat.	Ville.	Périgord.		Tartas.	Ville.	Gascogne.
	S^t. Bertrand.	Ville.	Cominges.		Tarbe.	Ville.	Bigorre.
	S^t. Gaudens.	Ville.	Nébousan.		Tournay. ×	Ville.	Nébousan.
	S^t. Lizier. ×	Bourg.	Conserans.	17 F.	Tulle.	Ville.	Limosin.
	Souillac.	Ville.	Quercy.		Thiers.	Ville.	Auvergne.
	Saint-Flour.	Ville.	Auvergne.		Tarrare.	Bourg.	Lyonnois.
	Semur.	Bourg.	Bourgogne.		Trevoux.	Ville.	Dombes.
	S^t. Germain.	Bourg.	Lyonnois.		Terrasson. ×	Ville.	Limosin.
	S^t. Marcellin.	Bourg.	Forez.	18 F.	Tarascon.	Ville.	Provence.
	S^t. Chamond.	Bourg.	Forez.		Toulon.	Ville.	Provence.
	S^t. Etienne.	Ville.	Forez.		U. V. W.		
F.	S^t. Pourçain.	Bourg.	Auvergne.	18e F^{le}	Uzès.	Ville.	Languedoc.
	S^t. Guerand.	Bourg.	Bourbonnois.	3e F^{le}	Vendôme.	Ville.	Orléanois.
	S^t. Gervais. ×	Bourg.	Auvergne.	4 F.	Vezelay.	Bourg.	Bourgogne.
	S^t. Junien. ×	Ville.	Limosin.		Varzy.	Bourg.	Nivernois.
	Saussilange. ×	Bourg.	Auvergne.	5 F.	Varennes.	Ville.	Clermontois.
	S^t. Agreve. ×	Ville.	Languedoc.		Vaubecourt.	Bourg.	Clermontois.
	S^t. Claude. ×	Ville.	Frâche-Côté.	6 F.	Vittel.	Bourg.	Lorraine.
	S^t. Marcellin.	Ville.	Dauphiné.		Villersevel.	Bourg.	Frâche-Côté.
	Sisteron.	Ville.	Provence.	7 F.	Virton.	Ville.	Luxembourg.
	Sault.	Bourg.	Provence.		Venthie.	Bourg.	Flandre.
	Saint-Remy.	Bourg.	Provence.	10 F.	Villiers grand.	Ville.	Normandie.
	Saint-Gilles.	Bourg.	Languedoc.		Villers.	Ville.	Normandie.
	S^t. Guillem.	Bourg.	Languedoc.		Vire.	Ville.	Normandie.
	Saint-Jean.	Bourg.	Languedoc.	14 F.	Villers.	Ville.	Normandie.
8 F.	Salces.	Bourg.	Roussillon.		Ville-Dieu la	Ville.	Normandie.
	Salon.	Bourg.	Provence.		Vitré.	Ville.	Bretagne.
	S^t. Maximin.	Ville.	Provence.		Vannes.	Ville.	Bretagne.
	Souliers.	Bourg.	Provence.	15 F.	Vitré.	Ville.	Bretagne.
	S^t. Tropez.	Ville.	Provence.		Ville-Dieu (la)	Bourg.	Poitou.
	Saint-Pol.	Bourg.	Provence.		Vallette (la).	Bourg.	Angoumois.
	Senez. ×	Ville.	Provence.		Vauvant.	Bourg.	Poitou.
	Saint-Pons. ×	Ville.	Languedoc.	16 F.	Valence.	Bourg.	Agenois.
	T.				Ville-Franche.	Ville.	Languedoc.
5e F^{le}	Thiaucourt.	Bourg.	Lorraine.		Vic.	Ville.	Bigorre.
6 F.	Thilchatel.	Bourg.	Bourgogne.		Ville-Frâche. ×	Ville.	Périgord.
10 F.	Toucques.	Bourg.	Normandie.	17 F.	Verneuil.	Bourg.	Bourbonnois.
	Thorigny.	Bourg.	Normandie.		Verpillieres.	Bourg.	Dauphiné.
	Tatihou, ou La Hougue.	Ville.	Normandie.		Valence.	Ville.	Valentinois.
14 F.	Torigny.	Bourg.	Normandie.	18 F.	Vaison.	Ville.	Vénaissin.
	Treguier.	Ville.	Bretagne.		Vence.	Ville.	Provence.
15 F.	Tours.	Ville.	Touraine.		Vabre.	Ville.	Languedoc.
					W Eissenbourg.	Ville.	Alsace.

AVIS.

Le sieur Desnos avertit que ceux qui ont acheté le premier Volume dans le temps qu'il a commencé à paroître, & qui n'auront pas eu le Supplément du Catalogue desdites Routes, ainsi que les cinq Cartes nouvelles qui ont été gravées depuis, numérotées 14, 15, 16, 17, & 18, en rapportant leur Exemplaire, recevront gratuitement ces Cartes & le Supplément du Catalogue, qui contient 10 pages, afin d'avoir l'Ouvrage complet, tel qu'il est actuellement.

Le second Volume de toutes les Routes des Royaumes Etrangers, qui se vendra séparément de celui-ci, paroîtra dans peu, & sera du même prix pour ceux qui se seront fait inscrire après avoir pris ce premier Volume ; & ce second Volume coûtera 6 liv. de plus à ceux qui voudront l'avoir séparément. Plusieurs de ces mêmes Routes se vendent actuellement.

On trouve encore chez le sieur Desnos un autre Ouvrage qui a pour titre : *Atlas de la France divisée en ses Gouvernements Militaires & en ses Généralités*, subdivisée en toutes ses Provinces & petits Pays : par M. J. D. B. M. D. Revu & corrigé par différents Auteurs dont les Ouvrages sont aussi connus qu'estimés, en 1765 ; avec toutes les Routes & Chemins de communication d'un endroit à l'autre, & les distances en lieues d'usage dans chaque Province. Ouvrage très-utile aux Commerçants & aux Voyageurs. Quoique ce Volume n'ait pas l'avantage de la Topographie & du Burin des Graveurs modernes, à l'exception d'un certain nombre de Cartes, il intéresse, en ce qu'on voit d'un coup d'œil l'étendue & les bornes de chaque Gouvernement & de chaque Généralité, indépendamment des Routes & des Rivieres navigables. Les Cartes sont proprement lavées & enluminées à la manière Hollandoise. Ce dernier Volume est du même prix que les précédents.

FIN.

www.ingramcontent.com/pod-product-compliance
Lightning Source LLC
Chambersburg PA
CBHW070701050426
42451CB00008B/449